LEO WIELAND

Amerika-Reportagen

Grenzgänge durch die USA

SOCIETÄTS-VERLAG

CIP-Titelaufnahme der Deutschen Bibliothek

Wieland, Leo:
Amerika-Reportagen : Grenzgänge durch die USA / Leo
Wieland. – Frankfurt am Main : Societäts-Verl., 1989
ISBN 3-7973-0474-9

Societäts-Verlag

Abbildung Schutzumschlag: Fotoagentur Lade
Herstellung: Franz Spiegel Buch GmbH
Printed in Germany 1989
ISBN 3-7973-0474-9

Für das russisch-amerikanische Kind

INHALTSVERZEICHNIS

VORWORT

Die Geschichte vom amerikanischen Schmelztiegel ist wahr und überholt. Noch immer nehmen die Vereinigten Staaten jedes Jahr mehr Einwanderer auf, als alle übrigen Länder zusammen. Noch immer füllen die Wellen der Neuankömmlinge das Reservoir mit frischer Energie und Phantasie. Es liefert die Fermente für wildes und planvolles Wachstum, für Aufstieg in Geborgenheit und Gleichheit, sowie für kraß anmutende soziale Unterschiede. Zugleich verändert sich das ethnische Gewebe. Amerika wird dunkler. In seinem Inneren stoßen Erste und Dritte Welt aufeinander. Die Fähigkeit zu Anpassung und Kompromiß wird beständig auf die Probe gestellt. Das Amerikanische daran ist der unangefochtene Glaube an das Gelingen.

Anders als „den Sowjetmenschen", jene Erfindung ideologischer Bürokraten, gibt es „den Amerikaner" wirklich. Sein Sinn für Eigenart, Identität und Einzigartigkeit mag daheim gelegentlich verschwimmen. Sobald er aber ins Ausland reist, kommt die Entdeckung unvermittelt. Das gilt auch für die schwarzen Amerikaner. Als sie vor Jahren auf den Spuren eines Romans in Afrika ihre „Wurzeln" suchten, erfuhren sie dort vor allem eines: daß und warum sie Amerikaner sind.

Altpräsident Ronald Reagan wurde mit seinen blumigen Anekdoten gelegentlich belächelt. So erzählte er zum Beispiel davon, daß man als Fremder ein Leben lang in Deutschland, Frankreich oder Japan zubringen könne, ohne jemals Deutscher, Franzose oder Japaner zu werden. Umgekehrt könne ein Ire, Vietnamese oder Mexikaner in die Vereinigten Staaten kommen und am Tag der Einreise damit beginnen, Amerikaner zu sein. Dem ist schwerlich zu widersprechen.

Das Gegenbild ist ein amerikanischer Vielvölkerstaat, in dem die weiße Mehrheit und die schwarzen, braunen, gelben und roten Minderheiten mehr nebeneinander als miteinander leben. Die Beispiele für Integration sind so zahlreich, wie die fortdauernden Belege für Segregation. Es gibt spürbare Erfolge: die Früchte der Bürgerrechtsbewegung, das Aufkommen neuer Mittelschichten, mehr Fairneß und weniger Vorurteile. Auf der Schattenseite stehen Verbrechen, Obdachlosigkeit, Rassismus, Bigotterie und die Plagen einer „permanenten Unterklasse". Der erhobene Zeigefinger „homogener" europäischer Binnenländer mit anderen Voraussetzungen, kleineren Schwierigkeiten und größerem allgemeinem Wohlstand ist ebenso unangebracht wie überflüssig. An Selbstkritik lassen sich die Amerikaner nämlich selten übertreffen.

Das Land hat seine Tabus, die das Zusammenleben erleichtern. Sein Patriotismus kommt nicht martialisch daher und wirkt daher meistens nicht bedrohlich. Missionarische Selbstgerechtigkeit wechselt gleichwohl mit puritanischer Selbstgeiselung und den Idiosynkrasien einer Großmacht. Tastende Vorsicht im alltäglichen Umgang kontrastiert mit großzügiger Freundlichkeit. Die bizarre Kehrseite der Mordstatistiken ist jene besondere amerikanische Höflichkeit, die jeder vermißt, kaum daß er die Grenze nach draußen passiert hat. Mag ihnen der Alte Kontinent das Prädikat „Kulturvolk" nicht gönnen. Die „Zivilisation" der Amerikaner, die nicht mit Messer und Gabel zu definieren ist, sondern mit einer respektablen zweihundert Jahre alten demokratischen Tradition zu tun hat, ist von spezifischem Gewicht und vitaler Anziehungskraft.

Amerikanische Selbstbetrachtung gerät bisweilen in der Politik zu mitleidsloser, lähmender Nabelschau. Das scheint so gar nicht zu der Ersten Weltmacht passen zu wollen. Diese hat nun einmal ihre provinziellen und isolationistischen Züge. Aber der Blick von innen auf die Unfertigkeiten des großen Laboratoriums fällt auch auf die Zuversicht, die Unverzagtheit und den ungebrochenen Willen zur Erneuerung. Hier werden nicht nur überraschende Erfindungen, schwindelerregende Vermögen und noch schwindelerregendere Konkurse gemacht. Stellvertretend für müde, in sich gekehrte und stagnierende Länder werden Experimente unternommen und Erfahrungen gesammelt – nötige und absurde, lohnende und mißglückende.

Die Amerikaner beneiden im Ernst niemanden. Das schließt die Deutschen und die Japaner, die Zauberlehrlinge nach dem Zweiten Weltkrieg, ein. Die Freiheit, etwas zu versuchen, zu gewinnen oder zu scheitern, ist den Amerikanern gleichermaßen risikofreudiges Privileg wie bloße Gewohnheit. Darum sind sie zu beneiden. Gier, Habsucht und Maßlosigkeit werden in allen denkbaren menschlichen Varianten erprobt – ebenso wie Unbefangenheit, Offenheit und Mitleid.

Nichts ersetzt die eigene Amerikareise, das Erlebnis, daß alles so ist, wie im Film, nur anders und reichhaltiger. Wer von Amerika schon so viel zu wissen glaubt, daß er gar nicht mehr dorthin aufbrechen mag, ist unschuldiger als Kolumbus vor einem halben Jahrtausend. Zwischen Harlem und Hollywood, zwischen Trauma und Traum, erstreckt sich ein gastliches, gottesfürchtiges, uniformes und facettenreiches Mittleres Amerika. New York und Washington sind darin Einsprengsel, Spiegel und Mikrokosmos. Das übrige ist alles andere als ein „Rest". Diese Reportagen sollen die neugierigen Zweifler reizen, selbst in den ungebügelten Falten eines großen Rocks zu stöbern.

WASHINGTON

Powertown am Potomac

Washington D.C. ähnelt Asterix' gallischem Dorf. Es ist der abgelegene Ort in den Vereinigten Staaten, der immer für den „verkehrten" Präsidentschaftskandidaten stimmt: für Walter Mondale statt für Ronald Reagan, für Michael Dukakis statt für George Bush. Powertown am Potomac, ebenso schwarz wie demokratisch, ist zwar Regierungssitz. Aber gelegentlich hapert es mit dem Selbstbewußtsein. Erst seit einem guten Jahrzehnt darf die Stadt, die aller Welt den Ton angibt, sich selbst regieren. Zuvor hatte sie wie ein Leibeigener dem Kongreß zu gehorchen. Die Ratsherren werden noch immer das Gefühl nicht los, daß ihre Souveränität begrenzt sei. Der alte Vormund im Kapitol sieht mit Grausen, wie in dem Schaufenster Amerikas täglich ein Mord geschieht und zweifelt an der Fähigkeit der Hauptstadt, sich selbst in Ordnung und im Zaum zu halten.

Der District of Columbia – dafür steht das Kürzel D.C. – ist zu Anfang von den Gründervätern Jefferson und Hamilton als künstliches Quadrat aus dem Fleisch Virginias und Marylands herausgeschnitten worden. Inzwischen heißt es an jeder Einfallstraße den Besucher mit einem großspurig signierten Plakat des Bürgermeisters wilkommen: „Washington – a capital city". Wer sein Autoradio eingeschaltet hat, kann dazu die narzißtische Werbung eines örtlichen Geldinstituts hören, das sich ganz schlicht „die bedeutendste Bank in der bedeutendsten Stadt der Welt" nennt. Beides ist Ersatz für den unerfüllten Traum, eines Tages vielleicht doch zum 51. Staat in der Union gekürt zu werden.

Außer dem Präsidenten, der keine andere Wahl hat, als im Weißen Haus zu residieren, wohnt kaum einer der Mächtigen in Powertown. Am Abend und an den Wochenenden, wenn sich das Regierungsviertel geleert hat und die Bundesangestellten im Schrittempo über die Potomac-Brücken gerollt sind, ist die Stadt, von Touristen, Restaurantgästen in Georgetown und ein paar Punks abgesehen, schwarz. Schwarze Amerikaner machen drei Viertel des auf sechshunderttausend Einwohner geschrumpften Districts aus. Von den zwei Millionen um Washington, in den prosperierenden und bauwütigen Suburbias, sind drei Viertel weiß.

Hier ist die Heimat der Nichtraucher unter den Mächtigen, der besessenen Jogger, die während der Mittagspause in kurzen Hosen aus dem State Departement stürmen, um das Watergate-Hotel keuchen und auf ihren Lunch verzichten. Hier stehen die weißen Holzkirchen in gepflegter Idylle, umgeben von Einfamilienhäusern mit asphaltierten Auffahrten, Sonnenterrassen und gartenzaunloser Nachbarschaft. Hier sind Washingtons beste Schulen, für die sich ein Hausverkauf und ein Umzug lohnen. Hier hat das Leben der Sicherheitsberater, Diplomaten und Powerbroker am sechsten und siebten Tag endlich zu bieten, was ihm guttut: keine Überraschungen. Dabei sind die übrigen fünf Tage in Washington, wenn man nur darauf achtet, gewöhnlich voller Sonne unter blankem, blauem Himmel, unbehelligt von den Schloten der Industrie im Rostgürtel der alten Ostküste. Im Zentrum der Macht, einen Kanonenschuß vom Weißen Haus entfernt, strömen die Müßiggänger und Aktenträger, die stellvertretenden Unterstaatssekretäre und Weltverbesserer, die nicht im öffentlichen Dienst stehen, im Lafayette-Park zusammen.

Wenn George Bush drüben aus dem Fenster schaut, blickt er auf eine Plakatwand, die ihm Warner vor der Apokalypse entgegenbauen. Der Lafayette-Park, eine der Visitenkarten der Stadt, zeigt als Freilichtmuseum verwitternde Botschaften aus den sechziger Jahren, wie die Aufforderung zu „free love“ in einem puritanischen Land.

Zur Stunde, da die Schatten länger werden, legen sich die „Winos“ auf die Bänke, schwarze und weiße Obdachlose mit Decken, langen Mänteln und senkellosen Turnschuhen. Einer von ihnen ist im letzten Winter unter einer Zeitung erfroren. Es war, wie sich herausstellte, ein Held aus dem Zweiten

Weltkrieg, der für seine Tapferkeit mit dem höchsten Orden ausgezeichnet worden war.

Ein Vietnam-Veteran hat in diesem Frühling im Park ein Stehpult errichtet und schreibt Grobheiten gegen die Regierung, die Steuerbehörde und die Herrschaft von Menschen über Menschen in die Schreibmaschine. Er liest sein Manifest einem unaufmerksamen Publikum vor, will keine Spenden und vertritt keine Partei oder Sache, die man konstruktiv nennen würde. Er hat aber ein fröhliches Herz und stellt sich als einziger „Freidenker“ im weiten Umkreis des Weißen Hauses vor. Nach der Mittagspause schließt er sein ambulantes Büro und verkündet dann mit geradezu senatorenhafter Unbeirrbarkeit: „Ich gehe jetzt zum Kapitol und will nachsehen, was der Kongreß dort macht.“ Washington duldet ihn mit demselben Gleichmut, wie die „workaholics“ und die „poweraholics“, die ihr Geld und ihre Sehnsüchte zum Psychiater tragen. Der District beherbergt mehr als zehntausend Psychiater. Das ist amerikanischer und Weltrekord. Sie werden vor allem zur Behandlung des „Washington-Syndroms“ benötigt, das sich durch Überanstrengung beim Erwerb von Macht einstellt, oder aber nach einer Wahlniederlage, einem Regierungswechsel oder einem Hinauswurf als Entzugserscheinung bemerkbar macht. Zunehmender und abnehmender Einfluß in Powertown sind untrüglich an der Zahl der Pressekonferenzen oder der Einladungen zu den „richtigen“ Cocktails abzulesen. In diesem Spannungsfeld entladen sich psychische Krisen mit Naturgewalt. Sex, so berichtete unlängst ein Washingtoner Therapeut mit dreißigjähriger Erfahrung, spiele keine dominierende Rolle mehr. Weit entfernt von ihrer Familie und ihrem Wahlkreis schliefen immer mehr Kongreßabgeordnete „im Büro“. Die Intervalle zwischen Skandalen mit Callgirls, Playmates, Fotos, Schweigegeldern und ruinierten Karrieren werden immer länger.

Der Zeitgeist hat die Besinnung auf die „traditionellen Werte“ gebracht. Treue und Ehrlichkeit nützen mehr als sprichwörtliche Raffinesse für die Begründung eines soliden Renommees. Neue Mehrheiten, wie die „schweigende“ oder die „moralische“, geben bei Wahlen den Ausschlag. Prediger, wie damals Jimmy Carter, werden zum Präsidenten gewählt, oder kandidieren, wie zuletzt Jesse Jackson, oder mischen sich in die Politik ein, wie der Evangelist Jerry Falwell.

Das Mikroklima der Bundeshauptstadt hat seine Eigenarten, seit George Washington den Grundstein zum Kapitol legte. Im Jahre 1789 war in der provisorischen Hauptstadt New York zwischen Nord- und Südstaatlern ein heftiger Streit über die Frage entbrannt, wo die neue Kapitale der Union aus damals dreizehn Staaten gebaut werden sollte. Bis zum Kompromiß diente dann zehn Jahre Philadelphia als zweite Übergangslösung. So kam es, daß George Washington in der Stadt, die nach ihm benannt wurde, nie regiert hat.

Pierre L'Enfant, gebürtiger Franzose und Ingenieur in der amerikanischen Revolutionsarmee, bot sich als Architekt an, um eine Stadt zu schaffen, die „großartig genug ist, um eine große Nation zu zieren". Die Anfänge waren indessen weit weniger kolossal als L'Enfants raumgreifender Entwurf mit den numerierten Straßen im Schachbrettmuster, Diagonalen und römisch-klassizistischen Bauten für Beamte und Parlamentarier. Seine Vision sollte sich aber durchsetzen, nachdem der Gründerarchitekt längst gefeuert war. Nur ging es langsam. Hektar um Hektar mußte Washington den Pflanzern an beiden Ufern des Potomac abgekauft werden. Der Bund war arm, und die Einzelstaaten waren nicht sehr freigiebig. Das andauernde Mißtrauen in die Fähigkeit einer Washingtoner Regierung, sparsam zu wirtschaften, vernünftige Gesetze zu machen und im übrigen die Bürger eines freien Landes in Ruhe zu lassen, ist so alt wie die Hauptstadt selbst.

Einen städtebaulichen Rückschlag gab es, als der Kongreß zu Anfang des neunzehnten Jahrhunderts einen unvorsichtigen Krieg mit dem Mutterland über Hoheitsrechte auf den Meeren begann. Großbritannien schickte einen Stoßtrupp. Admiral Cockburn marschierte nach Washington, brannte es nieder und zog sich nach einem Tag unbehelligt wieder zurück. Die Legende will es, daß damals viel weiße Farbe aufgewendet wurde, um die geschwärzten Wände des „Hauses der Exekutive" zu tünchen, das dann im Jahr 1900 auf Wunsch von Theodore Roosevelt offiziell in „Weißes Haus" umbenannt wurde. Das Weiße Haus wurde noch nicht abgeschlossen. Jedermann konnte sich auf der Grünanlage tummeln, bis nach der Erfindung des Baseball-Spiels die Südseite des Rasens den Freunden des neuen Sports in die Hände fiel. Van Buren hieß der Präsident, als einmal am späten Abend ein Trunkenbold unbemerkt ins Weiße Haus einzog und die Nacht auf einem Sofa verbrachte. Danach wurden die Sicherheitsmaßnahmen verschärft. Aber allein in diesem Jahrhundert ist es schon mehreren Dutzend Amerikanern gelungen, listig, unbefangen oder auch ganz kaltblütig in der Pennsylvania Avenue 1600 unerbetene Besuche zu machen. Der letzte war ein Stromableser, der von den Großen Seen zur zweiten Amtseinführung von Präsident Reagan in die Stadt gekommen war. Das Weiße Haus war an jenem Tag mit Betonblocks gegen Autobomben-Attentäter gesichert. Der Luftraum war gesperrt, und Flugabwehrraketen waren in Stellung gebracht. Hinter jedem Strauch und jedem, von einem Präsidenten irgendwann eigenhändig gepflanzten Baum stand ein Posten des Secret Service. Der Stromableser in Zivil schloß sich in dieser Lage einfach der Militärblaskapelle an, die in eisigem Wind mit kalten Lippen ins Weiße Haus marschierte. Drinnen sah er sich wohlgefällig um, bewunderte Möbel, Gemälde und Porzellan und ließ sich nach einer halben Stunde wegen unerlaubten Eindringens festnehmen.

Der Stromableser war unbewaffnet und gab an, nichts Böses im Schilde geführt zu haben. Tatsächlich erwiesen sich in dem Land, dessen Präsidenten häufiger als irgendwo sonst umgebracht wurden, die inoffiziellen Besucher des Weißen Hauses gewöhnlich als harmlose Neugierige. Sie könnten den Regierungssitz an allen Wochentagen regulär besuchen, wenn sie sich nur in die Schlange vor dem Zaun einreihen wollten. Der Reiz, es auf eigene Faust zu schaffen, ist jedoch stark. Der Stromableser, der dem Richter keinen triftigen Grund für sein Verhalten nennen konnte, wurde zunächst einmal auf seinen Geisteszustand untersucht und dann nach Hause geschickt, damit er nicht durch ungebührlich lange Abwesenheit seinen Job verliere. Es war dies ein Washingtoner Kompromiß, der alle zufriedenstellte. Die überfüllten Gefängnisse hätten schwerlich wegen eines geringfügigen Deliktes einen zusätzlichen Deliquenten aufnehmen wollen. Die Psychiater hatten eine neue Variante des „Washington-Syndroms“ zu analysieren. Und schließlich ernährte der Fall einen der vierzigtausend Rechtsanwälte im District, deren machtvolle Präsenz die der Therapeuten um ein Vierfaches übertrifft.

Ein Jahrzehnt ist es also her, seit der Kongreß der Hauptstadt die Selbstverwaltung zugestand und Walter Washington als erster schwarzer Bürgermeister vereidigt wurde. Davor hatten die gewählten Repräsentanten auf dem Kapitol beharrlich an der Entscheidung ihrer Vorväter festgehalten, wonach Washington nicht fähig sei, sich selbst zu regieren. Sie hatten zu diesem Zweck drei Kommissare ernannt, die mehr durch Gutdünken und erratische Aufwallungen als durch Weitblick auffielen. Sie hielten die Bewohner der Hauptstadt, die 1964 zum ersten Mal an Präsidentschaftswahlen teilnehmen durften, in derselben Abhängigkeit, die zweihundert Jahre früher den Unabhängigkeitskrieg ausgelöst hatte, nämlich Besteuerung ohne Vertretung.

„Home rule“ ist nun im wesentlichen eine Angelegenheit unter Schwarzen. Sie machten schon einen guten Teil der Stadtbevölkerung aus, als zwar verboten war, Sklaven zu kaufen und zu verkaufen, nicht aber, sie zu besitzen. Washington war andererseits aber auch Vorreiter bei der Sklavenbefreiung und annullierte als erste Stadt die Gesetze, die für Schwarze nur niedrige Arbeiten vorsahen. In Washington wurden die ersten Schwarzen für die Armee der Vereinigten Staaten rekrutiert, und es fanden sich rasch viele Freiwillige unter den Freigelassenen, die der Stadt eine drückende soziale und finanzielle Bürde waren.

Walter Washingtons Nachfolger Marion Barry hat kein leichtes Amt. Er regiert eine Stadt, in der die Institutionen des Bundes keine Steuern zahlen, in der nach jedem Winter das Stopfen von Schlaglöchern eine Staatsaktion ist und deren Kern ein ebenso glänzendes wie pflegebedürftiges Schaufenster ist, während an der Peripherie die Sanierung von Slum-Vierteln nicht in dem von den Betroffenen erwünschten Tempo vonstatten geht.

Am Jubiläumstag der Selbstverwaltung schätzten die Statistiker die Zahl der rauschgiftsüchtigen Bewohner im District auf dreizehntausend. Barry selbst geriet durch die Freundschaft zu einer kokainschnupfenden Stadtangestellten ins Gerede und muß fortwährend unangenehme Fragen beantworten. Wiederholt hat der Bürgermeister dem Heroin „den Krieg erklärt". Der Erfolg will sich nicht einstellen. Im März starben zehn Menschen in zwei Tagen an Überdosen, als unverschnittener „Stoff" auf den Markt geriet. Die Washington Post interviewte einen „Junkie" und fragte, was Leute wie er täten, wenn sie die Nachricht vom Tod durch gefährlich reines Heroin hörten. „Wo gibt es das Zeug?" war die Antwort.

Rauschgift ist die Hauptquelle der Kriminalität in der Stadt. Überfälle, Bankeinbrüche, Ladendiebstähle zählen zu den häufigsten Delikten. Der Anteil der Schwarzen daran ist mindestens so hoch wie ihr Anteil an der Bevölkerung. Die Opfer sind ebenfalls meist Schwarze oder Koreaner, Chinesen und Hispanics, die in den armen Vierteln Konkurrenten um Jobs und Chancen sind. Diskret wird bei der Berichterstattung bisweilen die Hautfarbe des Täters verschwiegen, um Unvoreingenommenheit zu demonstrieren. Doch der Hinweis, daß der Gesuchte aus dem „Südosten" der Stadt stammt, oder „nördlich des Kapitols" wohnt, ist so deutlich wie sein Paßbild.

Washington als Facette des Schmelztiegels gibt aber auch Beispiele dafür, wie Konflikte zwischen ethnischen Gruppen gewaltlos ausgetragen und erfolgreich bewältigt werden können. Im Unfallkrankenhaus arbeiten ein Südafrikaner, ein jüdischer Emigrant aus der Sowjetunion und ein Paraguayo Hand in Hand. In den Medien, vor allem auf dem Fernsehschirm, machen populäre Schwarze zusammen mit weißen und asiatischen Amerikanern erstklassige Programme, die ohne gegenseitigen Respekt schwer vorstellbar wären.

Amerikanische Bereitschaft zur Veränderung nützt die schwarz-weißen Klischees ab, wenn auch nicht alle Experimente zur Abschaffung offener und versteckter Diskriminierung auf Anhieb glücken. So hat das Quotensystem, das öffentliche Arbeitgeber zur Beschäftigung von Minderheiten nach Prozentsätzen anhält, die Nebenwirkung, daß schlechter qualifizierte Anwärter wegen ihrer Hautfarbe auf bestimmte Posten kommen. Die Schlangen auf der Post, in den Behörden und sogar in den Banken ziehen sich aus diesem

Grund gelegentlich in schwer erträgliche Längen. Weil Weiße im District sich für eine ungeschützte Minderheit halten, gibt es Reibereien um Rassismus mit umgekehrten Vorzeichen.

Um die Weihnachtszeit fielen zuletzt zwischen Washington und seinen Vorstädten die Rassenschranken gleichsam in Form einer Internationale der Biertrinker. Der Alkoholkonsum im District ist mit sechs Gallonen pro Kopf und Jahr landesweit am höchsten, und die Preise sind niedriger als in Maryland und Virginia. Beide Staaten pflegten ihre Spitzel nach Washington zu schicken, um dort vor den Schnapsläden die Nummernschilder derer zu notieren, die sich anschickten, Kisten mit Wein und Bourbon über den Fluß zu schaffen. Über Funk verständigt, kassierten die Kollegen in ihren Streifenwagen an der Staatsgrenze die Strafgebühr, bis Marion Barry den Kundschaftern die Arbeit im District verbot. Nie war der Bürgermeister über seine Grenzen hinaus populärer als an dem Tag, an dem er, wie er sagte, die „Wettbewerbsfähigkeit" der Washingtoner Spirituosenhändler sicherte.

Die Freizügigkeit beim Einkaufen ist seitdem garantiert, wenn auch Trinken in der Öffentlichkeit unverändert verpönt ist – vielleicht mit Ausnahme des St.-Patricks-Tags, an dem die großen Brauereien grünes Bier in der Farbe Irlands ausschenken. Wer Washingtons erlesenste Sehenswürdigkeiten besucht, ist auch besser nüchtern. „In diesem Tempel und in den Herzen der Menschen, für die er die Union rettete, ist der Schrein der Erinnerung an Abraham Lincoln", heißt die Inschrift über dem Memorial, das all den Amerikanern, die ihn für den größten Präsidenten ihrer Geschichte halten, anzeigt, daß sie an einem besonderen Ort angekommen sind.

Aus weißem Stein sitzt Lincoln zwischen Marmorsäulen und den eingravierten Zitaten der Gettysburg Address und seiner Rede beim zweiten Amtsantritt. „Mit müden, unendlich entfernten Augen" sah ihn der Schriftsteller Roger Angell über den spiegelnden Teich auf der Mall zum Washington Monument und darüber hinaus zum Kapitol ausschauen. In seiner letzten Nacht als Präsident besuchte Richard Nixon still und unauffällig Lincolns Gedenkstätte. Was mag ihn ausgerechnet hierher gezogen haben?

Warum ging Nixon nicht in den Rundtempel Thomas Jeffersons, der nicht nur während der Washingtoner Kirschblüte die Augenweide der Stadt ist? Vielleicht waren die moralischen Imperative des Verfassers der Unabhängigkeitserklärung ein geringerer Trost als Lincolns schwermütiger Aufruf zum Verzeihen und zur Versöhnung. Jefferson steht wie ein Solitär auf der Insel im Potomac, die im Osten bei einem schreienden, eingegrabenen Riesen endet, auf dessen Knie und ausgestreckter Hand Kinder spielen und Halbwüchsige Drachen steigen lassen.

Jeffersons Insel ist ein Refugium für farbenbildende Hauptstädter. Sie promenieren in Cadillacs oder polieren ihre Cabriolets, tragen plärrende Kofferradios über den Uferweg oder ziehen im Wägelchen ihre Schläger über den Golfplatz. Nixon mag der Ort besonders zur Nachtzeit unheimlich gewesen sein, obwohl die Reiseführer einen Besuch bei Jefferson im Mondlicht empfehlen. Durch die Stille dringt dann nur noch der Lärm der Düsenflugzeuge, die drüben auf dem National Airport landen. Wenn die Luft nicht nach Kerosin riecht, ist sie, wie Faulkner sagen würde, klar und durchsichtig wie Gin.

Die Mauer

Terry McConnell steht im Kampfanzug vor einem Armeezelt und bittet Passanten um Unterschriften. Das Zelt mit dem Sternenbanner und der Fahne Süd-Vietnams ist mitten in Washington auf dem Rasen der Mall, einen Steinwurf vom Ehrenmal Abraham Lincolns entfernt. Aufgeschlagen wurde es am Heiligen Abend des Jahres 1982. Seitdem stapeln sich dort Flugblätter und Unterschriftenlisten. Gelegentlich fallen Dollarscheine in ein Einweckglas. Terry ist ein Vietnam-Veteran. Er gehörte zur 5. Division der Marines, diente zwei Jahre von 1967 bis 1968 und kam unversehrt wieder heim. Jetzt ist er Präsident der „Ehrenwache“, die nahe beim Washingtoner Vietnam-Memorial an das Schicksal der Amerikaner in Vietnam, Laos und Kambodscha erinnert, von denen mehr als zehn Jahre nach Kriegsende noch immer fast jede Spur fehlt.

Sie werden „MIAs“ genannt. Das Kürzel steht für „Missing In Action“, vermißt. Es geht um etwa zweitausendfünfhundert Amerikaner, die nach dem Sieg von Ho Tschi Minh, dem Fall von Saigon und dem Rückzug der Vereinigten Staaten weder zu den lebenden noch zu den toten Heimkehrern gehörten. Hollywood hat schon einen Film in die Kinos gebracht, in dem ein bitterer Einzelkämpfer allein nach Indochina aufbricht, um gefangene Kameraden zu befreien. Die Wirklichkeit ist komplizierter, langwieriger und ziemlich trostlos. James Gritz, ein Armeeoffizier im Ruhestand, war tatsächlich als Späher auf eigene Faust über die Grenze nach Laos eingedrungen. Er wurde gefaßt, verurteilt und schließlich deportiert. Die kommunistische Regierung in Vientiane zeigte sich verärgert. Dort, ebenso wie in Hanoi, stießen die Versuche Washingtons, die gegenwärtigen Machthaber zur Suche nach den Toten, der Freigabe von Überlebenden oder der Erlaubnis zu eigenen Nachforschungen zu bewegen, zunächst auf geringes Echo.

Fast fünfzehn Jahre nach dem Abzug im April 1975 ist nun aber Bewegung spürbar und zahlreiche Familien in Amerika hoffen wieder auf Nachricht. Laos, das einzige der drei Länder, das nach dem Vietnam-Krieg diplomatische Beziehungen zu den Vereinigten Staaten aufrechterhielt, gab einer gemeinsamen Suchmannschaft die Genehmigung, die Absturzstelle eines Militärflugzeugs zu besuchen, das vor sechszehn Jahren abgeschossen worden war. Laoten und Amerikaner gruben Knochen und Zähne aus. Sie fanden Uniformreste, Munition und Ausrüstung von dreizehn vermißten Fliegern. Sie schüttelten Erde, Steine und Holzkohle durch ihre Siebe und schlugen die Funde in ein Segeltuch ein. Eine Identifikation war nicht möglich.

Marry Currall von der „Nationalen Liga der Familien amerikanischer Kriegsgefangener“ sagt, daß man von Berichten ehemaliger Soldaten und Informationen von Flüchtlingen, die aus Indochina nach Thailand gelangten, inzwischen mehr als hundert Absturzstellen lokalisiert habe. „Wir haben von der amerikanischen Regierung nicht viel Hilfe bekommen, bis Präsident Reagan ins Amt kam und es zu einer obersten Priorität machte.“ Jimmy Carter hatte im Jahr 1978 die Listen geschlossen. 2441 vermißte Soldaten und 42 Zivilisten wurden für tot erklärt, damit die Angehörigen ihre Hinterbliebenenrenten erhalten konnten. Reagan öffnet die Bücher wieder und damit die Spekulationen, daß noch immer Kriegsgefangene in Südostasien am Leben seien. Hanoi, das nach Kriegsende einige hundert Gefangene übergab, bestreitet das.

Als wenig hilfreich hatten sich zornige Bemerkungen von Außenminister Shultz erwiesen, der den Vietnamesen vorwarf, „grausam und herzlos“ zu handeln und den Laoten sogar gedroht hatte, Amerika werden notfalls bei Nacht schwarze Hubschrauber schicken, um sich Gewißheit zu verschaffen. Hanoi beklagte sich über „die feindselige Politik gegenüber Vietnam“ und brach Verhandlungen über die „MIAs“ ab. Aus dem Weißen Haus hieß es, kein Handel, keine Wirtschaftshilfe und keine diplomatischen Beziehungen, bevor nicht zweitausend Fragen beantwortet seien. Schließlich bemühte sich der Generalsekretär der Vereinten Nationen, Perez de Cuellar, zu vermitteln und den Besuch einer amerikanischen Delegation in Vietnam vorzubereiten. Das Thema bleibt heikel und emotionsbeladen. Die regierenden Veteranen in Indochina geben gelegentlich zu verstehen, es sei eine Zumutung zu verlangen, die Überreste von Bomberpiloten auszugraben, die das Land mit Napalm verbrannten.

Fast drei Millionen amerikanische Soldaten waren in Vietnam. 650000 kämpften, dreihunderttausend wurden verwundet, 75000 blieben Invaliden, etwa sechzigtausend starben. Terry erklärt den Spaziergängern vor seinem Zelt, daß die meisten Vermißten wohl nicht mehr am Leben seien, vielleicht einige hundert aber noch als „Geiseln“ gehalten würden. Seine Zuhörer sind Anfang Zwanzig: Teenager, Rollbrettfahrer, College-Studenten.

Frank Vanofer, einer von fünf arbeitslosen Freiwilligen der Ehrenwache, erklärt ihnen, daß schon 3,5 Millionen Unterschriften gesammelt und mit Petitionen an die Vertretung Vietnams bei den Vereinten Nationen in New York geschickt wurden. Er deutet auf die düsteren Souvenirs neben dem Zelt: ein Tarnhelm, zwei Paar Infanteristenstiefel, eine Fliegerjacke und einen „Tigerkäfig" aus Bambus, in den amerikanische Kriegsgefangene eingesperrt wurden. Die Spenden im Glas reichen, wie er sagt, gerade so für Lebensmittel, Kerosin und die Miete für einen Unterschlupf der Freiwilligen drüben in Virginia. Der Streit, der die Nation damals zerrissen hat, ist nicht überwunden, aber abgeflaut. Auch diejenigen Amerikaner, die den Vietnam-Krieg nach wie vor für sinnlos, ungerecht und schändlich halten, machen allmählich ihren Frieden mit den Veteranen.

„Damals, als wir zurückkamen, dachten die Leute hier, wir seien Killer", sagt Terry und fügt hinzu: „Jetzt werden wir wieder akzeptiert." Das Wort Zeitgeist gehört nicht zu seinem Vokabular. Tut die Regierung finanziell Ausreichendes für die Heimkehrer? „Wir wollen nichts. Der Staat schuldet uns nichts. Wir haben unsere Pflicht getan", ist die Antwort. Vielleicht könnte Washington für die Invaliden ein bißchen mehr tun, ist eine eher zaghafte Forderung und schließlich der Zusatz, der ein Weltbild zeichnet: „Die Regierung hat kein Geld. Sie muß sich gegen die Russen wehren und überall draußen gegen Terroristen kämpfen. Das hier ist das freieste Land der Welt. Es muß beschützt werden." Gibt es einen neuen Patriotismus in Amerika? Terry weiß es nicht. „Ich war immer ein Patriot. Ich bin ein alter Patriot."

Die Veteranen spüren das Ende der Verachtung von Tausenden Daheimgebliebener, die das Glück hatten, nicht eingezogen zu werden. Es ist eine stille Genugtuung für die ehemaligen Angehörigen einer irritierten Streitmacht, die sich mit ihrem Platz im Zivilleben oft unverändert schwertun. Die meisten haben einen Job gesucht und gefunden und behalten ihre Alpträume für sich. Einige haben politische Karriere gemacht, wie der Marinesoldat Robert Kerrey, heute demokratischer Gouverneur des Staates Nebraska, oder der Pilot John McCain, der als Republikaner im Senat sitzt. Kein Interesse an Politik und am Stochern in Erinnerungen hat der schwarze Veteran mit der Wollmütze, der auf der Ellipse hinter dem Weißen Haus ein Feuerchen schürt, um Tomatensuppe in der Dose anzuwärmen. Er sagt, er heiße Arthur und sei „einer aus der Statistik“. Merkmale dieser Statistik sind zerrüttete Ehen, Rauschgift, Alkoholismus. Obdachlosigkeit und geistige Verwirrung.

Als nachträgliches Symbol der Anerkennung für ihre Teilnahme am längsten Krieg in der amerikanischen Geschichte haben sich die Veteranen ein doppeltes Monument ertrotzt. Zuerst entstand im Jahr 1982 auf der Mall die „Mauer“. Schwarze Granitwände, in die Erde eingelassen, bilden ein großes V. Auf ihnen sind die Namen von 58007 Gefallenen und Vermißten eingraviert. Maya Ying Lin, eine Architekturstudentin der Yale-Universität, hat das Denkmal entworfen. Der Kongreß gab die Baugenehmigung und eine Stiftung brachte durch Spenden das Geld auf. Ein langer Streit begleitete den Mauerbau wie ein heftiges Nachbeben der Kontroverse um einen unpopulären Krieg. Die einen wären lieber gar nicht an diesen Teil ihrer Vergangenheit erinnert worden. Die anderen nannten die Mauer eine „schwarze Schande“, weil sie durch nichts auf die Vaterlandsliebe und den Heldenmut der Verstorbenen aufmerksam mache. Unter den versehrten und gesunden Heimkehrern schließlich vermißten viele einen augenfälligen Tribut an sie selbst.

Zwei Jahre später war es dann soweit. Im November 1984 wurden am Tag der Veteranen die überlebensgroßen Statuen der „drei Soldaten“ der Mauer gegenübergestellt und eingeweiht. Ein weißer, ein schwarzer und ein dritter Vietnam-Kämpfer, der hispanische, asiatische oder indianische Züge hat und so auch einen Teil der Armee des Vielvölkerstaats repräsentiert, blicken auf die Granitwände wie auf ihre eigenen Namen. Sie tragen Schnellfeuergewehr, Maschinenpistole, Patronengurte und Feldflaschen. Es sind nachdenkliche, in sich gekehrte, keine stolzen Gesichter. Der Vorwurf, dies sei die dreifache Wiedergeburt von John Wayne am falschen Ort, tifft nicht zu. So sehen keine Sieger aus.

Die dreihunderttausend Veteranen, die an jenem Wochenende im November aus allen Winkeln des Landes mit Sonderzügen nach Washington gekommen waren, erlebten unerwartetes Mitgefühl von außen und verlorengeglaubte Solidarität untereinander.

Das Memorial der Vietnam-Veteranen ist seitdem eines der

meistbesuchten Monumente der Hauptstadt. Geschützt gegen den Regen liegen unter Plexiglashauben Listen, dick wie Telefonbücher, aus. Sie helfen den Angehörigen und Freunden, die Namen der zwischen Juli 1959 und April 1975 Gestorbenen in den Kolonnen auf der Mauer zu finden. Die Besucher bringen Blumen, tasten mit den Fingerspitzen über den Stein und sehen ihr Spiegelbild auf dem polierten Granit. Ein Diamant hinter einem Namen bedeutet, daß der Tod bestätigt ist. Ein Kreuz kennzeichnet die Vermißten. Sobald der Tod eines Vermißten nachträglich bestätigt wurde, wird über das Kreuz ein Diamant graviert. Kehrte ein Vermißter zurück, würde das Kreuz durch einen Kreis, als dem Symbol des Lebens, eingefaßt.

Zu den Besuchern auf der Mall zählen ältere Vietnam-Flüchtlinge und mitunter sogar einer der „boat people", denen es gelang, den neuen kommunistischen Regenten in Indochina zu entkommen. GI's, die Vietnamesinnen geheiratet haben, kommen am Sonntagnachmittag mit ihren Kindern und müssen Fragen beantworten. Drei vietnamesische Vietnam-Veteranen hat man noch nicht an der Gedenkstätte gesehen: General Nguyen Van Thieu, der letzte Regierungschef in Saigon, zog Großbritannien einem Exil in den Vereinigten Staaten vor. Er lebt zurückgezogen und wohlhabend in London. Sein ehemaliger Rivale und Vizepräsident Nguyen Cao Ky lebt in Kalifornien. Er hat drei Getränkeläden, ist aber in Geldschwierigkeiten und hat Spielschulden in einem Kasino in Las Vegas gemacht. Der Verteidigungsminister, General Tran Van Don, der vor vierzehn Jahren bei seiner Ankunft in Washington Averell Harriman fragte, ob er ihn nicht als Chauffeur beschäftigen wolle und dann Empfangschef in einem Hotel wurde, lebt als Immobilienhändler im Ruhestand in Florida.

Explosion in Weiß und Rosa

„Washington ist eine Stadt der Bäume, der Politik, der Attachéköfferchen, Museen, Skandale, Karrierefrauen, Monumente, Ambitionen, Flüsse, Botschaften, Kompromisse, Lobbyisten, dunklen Anzüge, Fahrradboten, Anwälte, Konferenzen, Touristen, Kameras, Soldaten, der Wetterfühligkeit, Klatschmäuligkeit, der Fahnen, Telefone, Empfänge, Psychiater, der Vorsicht, der Einwanderer, Bürokraten und Träume." Diese Liste eines Hauptstadtreporters ist unvollkommen. Es ist aber kein Zufall, daß die weitgefächerten Attribute von „Bäumen" und „Träumen" eingefaßt werden. Washingtons Kirschblüte hat mit beidem zu tun. Sie ist eine Explosion in Weiß und Rosa.

Freunde der zarten Frühlingsboten, die nicht nur den Japanern als Symbol flüchtiger, rasch erfrorener Schönheit gelten, haben die Wahl. Sie können nach Tokio oder Kyoto reisen. Oder sie können in den Vereinigten Staaten die Augenweide an vier Orten besichtigen: in Macon (Georgia), wo hunderttausend Bäume um die letzten der Antebellumhäuser des „alten Südens" aufblühen; in Newark (New Jersery), einer Industriewüste auf der gegenüberliegenden Seite von Manhattan; in San Francisco, der heimlichen Hauptstadt der Japaner mit und ohne amerikanische Pässe, und in der Hauptstadt Washington. Die braucht dabei keinen Vergleich zu scheuen.

Die Meteorologen erstellen mit wissenschaftlicher Akribie und siebtem Sinn eine Wettervorhersage. Die städtischen Botaniker vermessen die Knospen mit der Mikrometerschraube. Der Bürgermeister legt auf dieser Grundlage jedes Jahr voller Gottvertrauen den Termin für das Kirschblütenfest fest und verspricht, daß die viertausend weißen Yoshino-Bäume und ihre rosafarbenen Akebono-Schwestern pünktlich am Tag X im April in Hochblüte stehen würden. Darauf ist gewöhnlich aber kein Verlaß. Der schwarze Regent im Rathaus weiß, daß kalte Winde aus Kanada oft über Nacht die empfindliche Pracht in den Potomac blasen – meistens einige Tage vor der Kirschblütenparade und der Krönung der Kirschblütenprinzessin. Die Washingtoner Zeitungen haben für diesen Fall die feste Schlagzeile: „Kirschblüten verpassen wieder ihre eigene Party."

Der Mann im Weißen Haus ist für akkurate Prognosen nicht verantwortlich. Er hält sich von diesem undankbaren Geschäft fern und genießt statt dessen die weiß-rosa Aussicht, wann immer sie sich ihm darbietet. Aus dem „Oval Office" hat er einen ausgesuchten Blick auf die Bäume, die hinter dem „Washington Monument" mit den Farben des Sternenbanners konkurrieren, und schließlich den „Gezeitenteich" mit dem Juwel der Hauptstadt, dem „Jefferson Memorial", umgeben. Jefferson, Amerikas dritter Präsident, Poet, Lebenskünstler, Verfasser der Unabhängigkeitserklärung und Freizeitgärtner, blickt aus kühler Bronze zurück auf das „Oval Office", wo inzwischen der neununddreißigste Nachfolger sein Wesen treibt. Nächtliche Besucher, die ihm auf seinem Sockel nahe kamen, weil sie die Kirschblüte im Mondlicht bewundern oder den Sonnenaufgang abwarten wollten, sollen ihn schon bei sachtem Kopfschütteln ertappt haben.

Das Kirschblütenfest ist für Washington eine friedliche, versöhnliche Zeit. Anfang April erfriert keiner der Obdachlosen mehr, die mitten im Schaufenster Amerikas auf dem Rasen der „Ellipse" hinter dem Weißen Haus überwintert haben. Das andere Washington mit seinen Bildern von Elend und Verwirrung wirkt weniger grimmig. Die zusammengekauerten Bündel über Warmluftschächten, mit ihrer Habe in Müllsäcken auf Drahtwägelchen aus dem Supermarkt, sind außer Lebensgefahr. Die Passanten sind freigebig wie sonst nur zu Weihnachten.

Washingtons Kirschblüte ist ein Geschenk der Japaner. So wie die Franzosen vor hundert Jahren mit der Freiheitsstatue der alten Hauptstadt New York ein denkwürdiges Präsent sandten, ziert seit Beginn dieses Jahrhunderts eine Geste asiatischer Großzügigkeit das „Versailles am Potomac". Den Gedanken hatte jedoch eine Washingtonerin. Eliza Scidmore, die Schwester des amerikanischen Konsuls in Yokohama, ließ sich bei einer Visite von den kaiserlichen Gärten inspirieren. Zurück in Washington empfahl sie Kirschbäume, als die Stadtväter um die Jahrhundertwende darüber nachdachten, wie das sumpfige Potomac-Ufer in eine ansehnliche Gegend verwandelt werden könnte.

Die gewitzte Eliza wußte aber, daß in Washington nichts ohne politische Protektion und mächtige Verbündete geschehen würde. Sie war daher nicht wenig entzückt, als Helen Taft als eine der ersten die Idee mit dem Kirschgarten begrüßte. „Nellie" Taft, die Frau des künftigen Präsidenten William Howard Taft (Nachfolger von „Teddy" Roosevelt), war auch schon in Yokohama gewesen. Sie setzte es sich nun zum Ziel, aus dem „stechmückenverseuchten Treffpunkt von Landstreichern und Kriminellen" am Fluß ein vorzeigbares Stück Washington zu machen.

Frau Tafts Begehren kam dem Bürgermeister von Tokio, Yukio Ozaki, zu Ohren. Er hielt Nachahmung für die gelungenste Form der Schmeichelei und stiftete spontan zweitausend Kirschbäume. Im Dezember 1909 gelangten sie auf einem Schiff nach Seattle, der Hauptstadt des Bundesstaates Washington an der Pazifikküste. Weil die Setzlinge aber allesamt von einer seltenen Baumkrankheit befallen waren, verbot das Landwirtschaftsministerium die Einfuhr und ließ die Fracht verbrennen. Ozaki, so will es die Legende, soll ob dieser Nachricht geseufzt und mit erhobenem Zeigefinger an George Washington erinnert haben. Der erste Präsident der Vereinigten Staaten hat nämlich schon die unverzeihliche Schandtat begangen und in seinem Garten in Mount Vernon „den Kirschbaum umgehackt".

Einige Jahre vergingen, bis Nellie im Kabinett ihres Mannes den Außenminister als neuen Alliierten gewann. Diplomatische Sondierungen mit Japans Botschafter führten zum Erfolg. Tokios Bürgermeister brachte abermals Kirschbäume – diesmal dreitausend – auf den Weg in die Vereinigten Staaten. Am 27. März 1912 pflanzte Frau Taft eigenhändig den ersten Setzling und schrieb in ihr Tagebuch: „Keine Stadt im ganzen Land ist schöner angelegt und hat mehr natürlichen Charme als Washington. Ich hoffe, daß ich den Tag erlebe, an dem es als gesellschaftlicher Mittelpunkt der Vereinigten Staaten anerkannt werden wird."

Die Bäume gediehen über alle Erwartung gut, und schon in den dreißiger Jahren wurde das „Japanische Kirschblütenfest“ ein anziehender Teil des gesellschaftlichen Lebens. Dann kam „Pearl Harbor“. Nach dem Überfall der Japaner auf die amerikanische Flotte wurde die Parade für die Dauer des Zweiten Weltkriegs abgesagt. Das Adjektiv „japanisch“ wurde für alle Zeit vor dem Substantiv „Kirschblütenfest“ gestrichen. In der Nacht zum 10. Dezember 1942 fällten Unbekannte vier Bäume am „Gezeitenteich“ und schrieben auf die Stümpfe: „Zum Teufel mit den Japanern!“

Fünf Jahre später lebte die Tradition mit der Parade wieder auf. Acht Jahre später reiste der greise ehemalige Bürgermeister Ozaki nach Washington, um nachzusehen, was aus der zweiten Spende geworden war. Zwölf Jahre später fügte der neue japanische Botschafter ein „kleines Geschenk“ hinzu. Es war eine japanische Laterne aus Granit, die zuvor in einem Park in Tokio gestanden hatte und zum Frühlingsanfang entzündet wurde. Sie wiegt zwanzig Tonnen und steht seitdem ein paar hundert Schritte vom Jefferson-Memorial entfernt. Als dafür im Jahr 1938 der Grundstein gelegt und die Erde ausgehoben wurde, war es sogar zu einer Demonstration „zivilen Ungehorsams“ gekommen. Damen aus den besseren Kreisen ketteten sich an den achtundachtzig Kirschbäumen an, die dem Erinnerungstempel für Jefferson weichen mußten. Sie wurden danach mit neuen Pflanzen entschädigt, die inzwischen bis zum Kapitol reichen.

Die Kirschblüte lockt nun in jedem Jahr eine halbe Million Besucher nach Washington. Zu den Zeremonien während des Festivals zählt auch eine Kranzniederlegung am Grab des Unbekannten Soldaten auf dem Friedhof in Arlington. Dort ist ganz in der Nähe der Kennedy-Brüder auch die einstige amerikanische „First Lady“ Nellie Taft beigesetzt worden. Japan hatte im übrigen nachträglichen Nutzen von seinem Geschenk an die Amerikaner. Der Krieg hatte in Tokio auch die Kirschbäume nicht verschont. Mit Hilfe von Ablegern aus Washington ist unterdessen in den kaiserlichen Gärten Zerstörtes nachgewachsen.

NEW YORK

Lady Libertys neue Flamme

Die Welt vom Dach des World Trade Center aus betrachtet ist erfrischend unscharf. Manhattan im Dunst ist kein Alpenblick. Aber von der Warte des zweithöchsten Hauses Amerikas – das höchste steht ausgerechnet in Chicago – sind die Gegensätze unten abgemildert: Midtown, Fifth Avenue, Harlem; Chinatown, das langsam Little Italy aufißt, wo die „Spaghettis“ Straßenzug um Straßenzug verlieren. Heute Pizzeria, morgen Wäscherei. Nach Westen öffnet sich die Bucht des New Yorker Hafens. Ein Schoner kreuzt zwischen Docks, Containerschiffen und Ellis Island. Die Insel der Einwanderer, das vorgelagerte Niemandsland, auf dem sich letztlich entschied, wer herein durfte und wer abgewiesen wurde, ist einsam. Die Ankunftshalle, ein verwitterter Bahnhof, wird seit Jahren nicht mehr gebraucht und wartet auf die Maler vom Denkmalschutz. Ein Fernsehfilm mit Richard Burton in seiner letzten Hauptrolle rief den Amerikanern unlängst Ellis Island und damit ein Stück lebhafter Vergangenheit in Erinnerung. Für die Bewahrung dieses Orts, wo gehofft, geweint und entlaust wurde, sind noch Spenden nötig.

Ein Stück weiter draußen die zweite, kleinere Insel mit dem großen Symbol: die neunundneunzig Jahre alte Lady Liberty. Sie gab den Schiffspassagieren aller Klassen einmal das verbindende Gefühl, angekommen zu sein. Von den dreißig Millionen Einwanderern seit der Jahrhundertwende mögen die meisten hier vorbeigekommen sein. Von den zehn Millionen, die nach Schätzungen (Buch wird hier nicht geführt) im gleichen Zeitraum das Land wieder verließen, weil daheim der Krieg aus war, weil sie Heimweh oder kein Glück hatten, oder weil sie es lieber mit Kanada oder Australien versuchen wollten, sahen viele die Statue ein zweites Mal. Nach Osten gewandt, schaute sie ihnen nach übers Meer.

Heute fliegt ein guter Teil jener halben Million Einwanderer, die (trotz der noch immer siebenprozentigen Arbeitslosigkeit) alljährlich legal in den Vereinigten Staaten aufgenommen werden, längst über ihren Kopf hinweg. Wenn die Litauer, Koreaner, Juden, Basken oder Polen aber gelandet sind und irgendwo zwischen Atlantik und Pazifik Fuß gefaßt haben, sind die Chancen gut für einen Familienbesuch bei der Freiheitsstatue.

Für Alteingesessene und Neubürger vermischt sich die Aussicht auf Amerikas ehemals weit und nun noch einen respektablen Spalt geöffnetes Tor mit Stolz. Da ist der Satz aus den Schulbüchern, von dem Land, welches Flüchtlingen aus anderen Kontinenten zwar keine Garantie auf Glück und Reichtum gibt, aber Chancen, „Opportunity" verspricht.

Die Aussicht auf Liberty Island hat etwas Beruhigendes, Rückversicherndes. Sie orientiert, auch wenn die Lady vorübergehend nur als Silhouette hinter den engen Maschen eines Baugerüstes zu erkennen war. Das Wahrzeichen war in Not geraten. Salzwasser und Wind hatten ihm gefährlich zugesetzt. Von der Krone über den Ausguck im Kopf begann es zu bröckeln. Korrosion zernagte die Fackel. Der Zustand war eine Schande. Da nahm sich Lee Iacocca, der Wirtschaftswundermann der amerikanischen Autoindustrie, des Facelifts an. Der Sohn italienischer Einwanderer, die im Jahr 1902 Ellis Island passierten, bemühte sich als Vorsitzender der „Statue of Liberty – Ellis Island Foundation Inc." um die Mittel für den teuersten Fall plastischer Chirurgie in der Geschichte des Landes.

In bester amerikanischer Tradition wurde nicht etwa die Washingtoner Regierung, die schon bis zum Hals in einem staatlichen Haushaltsdefizit steckte, um Hilfe gebeten. Der Kongreß erwog immerhin die Herausgabe einer hilfreichen Jubiläumsgoldmünze. Hauptsache waren aber private Spenden, Andenkenverkäufe (vom T-Shirt bis zum Kaffeebecher) und Geldspritzen der Industrie. Sie sollten die notwendigen 230 Millionen Dollar zusammenbringen. Mehr als 160 Millionen sind unterdessen bei der Stiftung eingegangen. Darunter sind Säcke mit Groschen von Schulkindern und auch eine Handvoll Dollars eines anonymen Freundes von Miss Liberty jenseits des „Eisernen Vorhangs", der seinen Besuch für „eines Tages" ankündigte. Es ist zweifelhaft, ob ihm dies schon zum 4. Juli 1986 gelingen wird, wenn die runderneuerte Freiheitsstatue ihren hundertsten Geburtstag feiert mit der, so Iacocca, „größten Party, die diese Stadt je gesehen hat".

Das Geschenk Frankreichs zum hundertsten Geburtstag der Vereinigten Staaten war am 19. Juni 1885 in zweihundert Seekisten im New Yorker Hafen eingetroffen. Auch damals hatten Spenden geholfen. Die Franzosen trugen ihr Scherflein bei, damit der elsässische Bildhauer Frédéric Auguste Bartholdi aus Colmar die Riesin schaffen konnte, deren Gesicht er seiner Mutter und deren Leib er seiner Frau nachbildete. Als Standort hatte er bei seinen ersten Plänen zunächst nicht New York, sondern Suez im Sinn gehabt. Den Amerikaner, deren Begeisterung für die Liebesgabe sich außerhalb New Yorks in Grenzen hielt, blieb es überlassen, das Geld für den Sockel aufzutreiben. Damit hatten sie erheblich mehr Mühe als die großzügigen Gallier oder die nachgeborenen Amerikaner von der Stiftung Iacoccas.

Letztere profitiert vom allgemeinen Stimmungswandel in den Vereinigten Staaten nach Jahren der Präsidentschaft eines ansteckenden Optimisten, der einer großen Mehrheit des Vielvölkerstaats die Selbstzweifel austrieb und Zuversicht einflößte. Was unter dem Etikett des „neuen Patriotismus" mit den Olympischen Spielen von Los Angeles Raum griff und als Besinnung auf klassische, halbverschüttete Tugenden aus Amerikas jungen Jahren fortwirkt, mag den Europäern mal schwer verständlich, mal sogar unheimlich vorkommen. Doch den Amerikanern war es ein willkommenes Tonikum nach qualvollen Vietnam- und Watergate-Jahren. Statt dem braven Walter Mondale mit der Sozialingenieursphilosophie gaben sie „Dr. Feelgood" Ronald Reagan, der die Steuern gesenkt und sie erfolgreich animiert hatte, den Kopf wieder höher zu tragen, zum zweiten Mal ihre Stimmen. Mehr als bereitwillig gaben sie zugleich für die Restaurierung von Miss Liberty und damit für eine Renovierung ihres Selbstgefühls.

Beide, Statue und Sentiment, hatten es nötig. Auf Liberty

Island war es besonders offensichtlich. Die zweitausend eisernen Rippen, welche die Lady im Inneren zusammenhalten (für diese Konstruktion hatte Bartholdi seinen Freund Gustave Eiffel um Rat gebeten), waren allesamt zu ersetzen durch neue, handgefertigte aus rostfreiem Stahl. Die sieben Stacheln der Krone, Sinnbild der sieben Meere, mußten ausgewechselt werden. Geborstener Zement war aufzufrischen, Bolzen und Nieten zu erneuern, das Kupferkleid mit Tonnen von Sodabikarbonat zu säubern. Neben dem Sockel am Fuß des rostigen Skeletts, wo die zerbrochenen Ketten der Knechtschaft lagern, richteten französische Handwerker und amerikanische Stahlarbeiter ihre Werkstätten ein. Bis vor wenigen Wochen konnten Besucher noch durch eine Glaswand zuschauen, wie der müde, 450000 Pfund schwere Körper gestrafft und die neue Flamme gehämmert und vergoldet wurde.

Die Annäherung endet jetzt bei den Fernrohren am Wasserrand des Battery-Parks, wo schwarze Gassenjungen Softball spielen, Banker und Sekretärinnen um die Mittagszeit an der frischen Luft gemischten Salat essen, wo gebettelt und Rollbrett gefahren wird und Tauben gefüttert werden, wo ein steinerner Adler über einem Kriegerdenkmal seine Schwingen ausbreitet. Hier entgeht keiner dem Aufgebot der Kitschindustrie, die ihren Anteil am Wiederaufbau auf Liberty und Ellis Island nimmt. Auch zu Hause an den Fernsehschirmen oder beim Durchblättern der Illustrierten entgeht keiner der Firmenwerbung für den guten Zweck und die eigene Tasche. Ein – gottlob finnischer – Wodka preist sich als „Geist der Freiheit“. Cornflakes-Fabrikanten appellieren: „Laßt die Fackel weiter leuchten“. Ein Nachrichtenmagazin macht auf sich und die „Reparatur eines Traums“ aufmerksam. Ein Dosenbierhersteller läßt die Statue sagen: „Wenn Du noch an mich glaubst, rette mich.“

Es wäre müßig, über die Symbiose von Patriotismus und Kapitalismus zu rechten, oder sich gar über guten und schlechten Geschmack zu ereifern. Ein Sponsor aus Kalifornien brachte das Phänomen auf die gescheite Formel: „Es handelt sich nicht um Altruismus in der reinsten Form, dafür um Altruismus in der ehrlichsten Form.“ In einer von Zynismus bemerkenswert freien Kampagne für die makellose Wiederherstellung der Dame zum Geburtstag ist beinahe alles erlaubt, auch daß sie für die Absatzförderung eines Deo-Sprays den Arm hebt.

Ein Magier im Auftrag einer Fernsehanstalt gab erschrokkenen New Yorkern mitten während der Renovierung einen Vorgeschmack davon, was ihnen bei einem Zusammensturz des vernachlässigten Symbols hätte fehlen können: mit Hilfe von Spiegeln und Tüchern ließ der Illusionskünstler eines Nachts für Augenblicke die Freiheitsstatue verschwinden. Auch er war nach eigenen Angaben ein Einwandererkind mit einschlägiger Erfahrung, die er nach artiger Verbeugung in die Bemerkung faßte: „Freiheit ist die wahre Zauberei."

Was hier leicht dahingesagt war, wurde an anderer Stelle in bedeutungsschwere Essays zur Frage gepackt: Welchen Sinn für das moderne Amerika hat die Freiheitsstatue, die mit richtigem Titel gar nicht so heißt, sondern „Freiheit, die die Welt erleuchtet"? Der französische Botschafter Jusserand hatte schon 1916 eine kaum zu übertreffende Definition gegeben: „Die Statue wurde nicht für einen Menschen errichtet, wie berühmt und nützlich er auch gewesen sein mag, und auch nicht für eine Nation, so großartig sie auch sein mag. Sie wurde zugunsten einer Idee gebaut, die größer ist als jeder Mensch oder jede Nation, größer als Frankreich oder die Vereinigten Staaten – der Idee der Freiheit." Das Wall Street Journal fügte dem nur hinzu, daß die Statue eine Fackel hochhalte, die eine ertragreiche Überzeugung verkörpere: wenn nämlich die Prinzipien der Freiheit verstanden und geschützt würden, sei das Ergebnis eine blühende Zivilisation. Freiheit als Quelle der Prosperität.

In den Niederungen der Politik und des Arbeitsmarktes gab es im Zug der Restaurierung dennoch gelegentlich Interpretationsschwierigkeiten und offenen Zwist. Weil nur organisierte Gewerkschaftsmitglieder renovieren durften, beschwerte sich das Nationale Komitee für das Recht auf Arbeit und schrieb Iacocca einen Brief: „Die Tatsache, daß Sie es zulassen, auf den Rechten der Arbeiter herumzutrampeln, sendet eine frostige Botschaft aus, daß nämlich in Amerika die Freiheit an der Tür zu Big Labor endet." Das Komitee, das im hart organisierten New York vergeblich seinen Kreuzzug gegen die „closed shops“ führen sollte, wies auf Wettbewerbsverzerrungen hin. So konnten Firmen, die unorganisierte Kräfte beschäftigten, bei der Auftragsvergabe erst gar nicht mitbieten. Die Chefin eines Sandbläserunternehmens berichtete gar von der Drohung eines Gewerkschaftsfunktionärs, der gesagt haben soll: „Wenn Ihr es auch von Manhattan auf die Insel schafft, zurück schafft Ihr es nie.“ Iacocca meinte trocken, da sei „aus praktischen Gründen“ leider nichts zu machen.

Nach dem Streit um das kleine Geld trat der „Gartenstaat“ New Jersey mit größerem Anspruch auf den Plan. Die Aussicht auf eine bald wieder sprudelnde Quelle aus Steuern und Souvenireinnahmen, die bislang ausschließlich nach New York floß, ließ den italienischen Abgeordneten Frank Guarini und den schottischen Bürgermeister von Jersey City Gerald McCann nicht ruhen. Ersterer forderte vor Gericht anzuerkennen, daß die Freiheitsstatue auf dem Territorium von New Jersey und nicht von New York liege. Letzterer klagte über die „ungerechtfertigte Bereicherung“ von Big Apples Enklaven im Hudson-Fluß und fügte hinzu: „New York City macht Geld, der Staat New York macht Geld, und alles, was wir bekommen ist ein Haufen Kohlenmonoxyd.“

Tatsächlich können die Landvermesser unschwer nachweisen, daß Liberty und Ellis Island nur eine halbe Meile von Jerseys Küste, aber eine ganze vom Battery-Park entfernt liegen. Ein Vertrag aus dem Jahr 1834, auf dem der Status quo gründet, war nach Ansicht des Abgeordneten Guarini betrügerisch. Es ist nicht zu erwarten, daß das Gericht in diesem besonderen Fall nachbarschaftlichen Neides neue Grenzen zieht, zumal da die Inseln längst im Grundbuch des Bundes eingetragen sind. New Yorks Bürgermeister Koch, immer bereit zu Angriffen, wenn es nichts kostet, beschwor den Geist von Abraham Lincoln und prophezeite: „Wir werden für die Union kämpfen.“ Gouverneur Mario Cuomo kündigte halbherzig an, er wolle sich um eine außergerichtliche Einigung bemühen. Wenn dies zu nichts führt, wird man sich in New Jersey vielleicht ein zweites Mal vornehmen, was schon vor acht Jahren nicht durchzusetzen war, nämlich kraft eines neuen Gesetzes die Freiheitsstatue zu drehen, damit sie dem Gartenstaat das Antlitz und nicht die Kehrseite zuwendet.

Die kleine Freiheit von Little Odessa

Ebenezer Scrooge wäre ein passender Name für den Hausbesitzer. Auch das Haus könnte Charles Dickens gehören. Es steht aber nicht im London des vorigen Jahrhunderts, sondern in einem unauffälligen Viertel der amerikanischen Hauptstadt Washington. Dort, im Nordzipfel des District of Columbia, verfließen in der Kennedy-Straße die Grenzen zwischen Schwarz und Weiß. In den Wettbewerb am unteren Ende der wirtschaftlichen Erfolgsleiter mischen sich bei der Suche nach billigen Unterkünften „Hispanics" aus Mexiko und Puerto Rico ein. Dort treffen Koreaner auf Kambodschaner und andere Neuankömmlinge aus wenig erfreulichen Ländern – unter ihnen auch eine Handvoll Russen.

Alexander und Irina machen die Hausbesichtigung in der Nummer 1434 kurz. Der Dachstuhl ist ausgebrannt, so daß es im zweiten Stock nicht viel zu sehen gibt. Die Heizung ist ausgefallen. Auch Washington kennt winterliches Frösteln. Gäste und Gastgeber rücken eng zusammen, mit Wolldecken um die Knie und heißem Tee mit Marmelade. Es ist fast wie in der klassischen „Wohnküche" in Moskau oder Minsk: Samowar, zum Bersten gefüllte Bücherregale, Tschaikowskys Klavierkonzert in b-Moll. Teppiche hängen als Statussymbole an der Wand.

Das Gespräch dreht sich um die, die „noch drinnen sind", und darum, was die, die „heraus sind", wo und wie tun. Es geht um Gorbatschow, dessen Aufstieg und Reformpläne mit Skepsis beobachtet, aber nicht verharmlost werden. Nach den Breschnew-Jahren und den Zwischenspielen mit Andropow und Tschernenko glimmt ein Schimmer praktischer Hoffnung auf. Möge es für die „drinnen" ein bißchen leichter werden herauszukommen und für die „draußen" möglich, einmal die Verwandten und Freunde unbehelligt zu besuchen.

Alexander und Irina sind Beispiele für erfolgreiche Auswanderer. Er sprach Englisch schon vor der Ankunft in den Vereinigten Staaten und fand rasch eine Arbeit, die sein Selbstwertgefühl stärkte. Bei ihr hapert es auch nach Jahren noch mit der Sprache. Inzwischen findet sie sich aus eigener Kraft in einem Land zurecht, das freizügig willkommen heißt, jedoch nicht gerade ein sicheres „soziales Netz" aufspannt.

Die Russen in Amerika sind kein verlorener Stamm, dessen versprengte Mitglieder ständig heimwehkranke Lieder singen und den Koffer für den Tag der Rückkehr gepackt lassen. Sie sind meist keine Exoten wie der Schriftsteller Alexander Solschenizyn, der sich als Eremit in den Bergen von Vermont verbirgt, oder Michail Baryschnikow, der auf Spitzen durch die New Yorker Gesellschaft und ihr Ballett tanzt, oder „Überläufer" wie der Diplomat Arkadij Schewtschenko, auf den FBI und CIA gemeinsam aufpassen. Die Einwanderer aus der Sowjetunion vermissen manches und haben ihre Anpassungsschwierigkeiten an ein „kapitalistisches" System, das von ihnen ungewohnte Anstrengung, eigene Initiative und Selbstverantwortung verlangt.

Alexander und Irina hat das nicht entmutigt. Sie wissen, warum sie weggegangen sind, und erinnern sich lebhaft, wie lange es gedauert hat, bis es soweit war. Eine Freundin in der Kennedy-Straße verschenkt zum Beweis für ihr gutes Gedächtnis sogleich einen Kugelschreiber mit dem Aufdruck: „Freiheit für Anatolij Schtscharanksij". Die Mine ist ausgetrocknet. Der ehemalige Häftling, der sich jetzt mit Vornamen Natan nennt, ist „draußen" und pendelt zwischen Jerusalem und New York.

Alexander fällt noch eine Begebenheit ein, die wohl die kurioseste in der Geschichte von Haus Nr. 1434 ist. Noch bevor der Dachstuhl ausbrannte, wohnte im ersten Stock ein Russe, der als junger Mann „wegen der Völkerfreundschaft" Chinesisch lernte und später seinen Militärdienst mit entsicherter Waffe am Ussuri-Fluß absolvierte. In den zweiten Stock zog wenig später ein Chinese ein, der als junger Mann „wegen der Zusammenarbeit" Russisch gelernt hatte und später ebenfalls seinen Militärdienst am anderen Ufer des Ussuri ableistete. Ohne es zu wissen, waren sich die beiden schon einmal sehr nahe gekommen. In Washington halfen ihnen nun ihre Sprachkenntnisse, einander im Scrooge-Haus zu verstehen.

Für die meisten jüdischen Auswanderer aus der Sowjetunion ist der Wiener Bahnhof die erste Zwischenstation. Von den knapp dreihunderttausend seit Anfang der siebziger Jahre setzten zwei Drittel die Reise nach Israel fort. Das restliche Drittel wollte nicht „vom Kolchos in den Kibbuz". Ihr Ziel war Amerika. Hier suchten sie über fünfzig Staaten verstreut Arbeit, Unterkunft und Kontakt. Ihre „Hauptstadt" aber bleibt „Little Odessa", ein meerumschlungener Winkel des New Yorker Stadtteils Brooklyn. Er beherbergt mehr als die Hälfte der hunderttausend emigrierten Russen. Ein Stück abseits von der glänzenden Wolkenkratzerkulisse singen die Möchtegernaufsteiger noch immer den alten Gassenhauer: „Noch bist du in Brighton, aber bald schon auf dem Broadway." Der „D"-Zug der schmutzigsten, gefährlichsten und aus zigtausend Spraydosen am buntesten verschmierten Untergrundbahn der Welt fährt in die umgekehrte Richtung, von Manhattan nach Brighton Beach.

Es ist in jeder Hinsicht eine „Mittelklassegegend", umtriebig, reinlich und von bescheidenem Wohlstand. In den Tagen vor Weihnachten leuchten in den Fenstern zu Chanukka die Kerzen der Menora auf. Anders als in polnischen und irischen Vierteln, wo im Zeichen der Trennung von Kirche und Staat alljährlich um die Aufstellung von Krippen gestritten wird, findet sich hier keine Nachbildung des Stalles von Bethlehem. Die einzige Konzession der Russen in „Little Odessa" an den amerikanischen Zeitgeist ist der – konfessionell unverdächtige – „Santa Claus" aus Plastik mit seinen Rentieren im Vorgarten oder auf dem Giebel.

Brighton Beachs Hauptstraße wird von den Gleisanlagen der Metro überdacht. Zwischen den eisernen Pfeilern, Brükken und Treppenaufgängen drängelt es sich in einem geradezu orientalisch anmutenden Bazar. Die Restaurants heißen „Usbekistan" oder „Primorski" und bieten neben „Kiewer Koteletts" auch „die leckerste hausgemachte Pizza der Welt". Sorgfältig geschminkte Babuschkas mit Handschuhen, deren Fingerspitzen zum korrekten Geldzählen abgeschnitten sind, verkaufen warme „Piroschki“ aus dem Blechkasten. Die Werbung, die Anschläge und die Gespräche sind russisch.

So ähnlich muß es im alten Petersburg vor der Revolution zugegangen sein. Ein Tanzlokal verheißt „Musik für jeden beliebigen Geschmack“. Zahnarzt Yoffe verspricht, er bohre gegen Bares ohne Wartezeit. Junge Frauen in gediegenen Pelzmänteln und feinen „Schapkas“ schieben Kinderwagen durch das Gewühl. Im Buchladen gibt es Boris Pasternaks Werke mit Rabatt. Niemand braucht erst einmal dreihundert Kilogramm Altpapier zu sammeln, um dafür eine Volksausgabe von Dumas' „Drei Musketieren“ einzutauschen. Zum neuen Jahr bietet der „Fast Food“-Armenier seiner Stammkundschaft Punsch. Weil die Regierung ein Handelsembargo gegen Iran verhängt hat, ist sogar der importierte Kaviar ausnahmslos russisch.

Amerika in seiner Vielfalt mag sich geographisch in einen „Sonnengürtel“, einen „Rostgürtel“ und einen „Bibelgürtel“ teilen. Die Ostjuden an der Ostküste leben fraglos im Herzen des „Borschtgürtels“. Wie auf Moskaus „freien Märkten“ verkaufen ihnen hier Asiaten handpoliertes Obst und Gemüse. Aber es sind Koreaner, keine Tadschiken. Hier erfahren die Emigranten, wie leicht der Umgang mit der Bürokratie sein kann. Den „Passport“, auf den sie in der Sowjetunion ein Leben lang gewartet hatten, können sie jetzt auf jedem Postamt schriftlich bestellen. Er wird in drei Wochen frei Haus geliefert. In jedem Januar werden sie penetrant von Fachleuten umworben, für deren Dienste sie zu Hause keine Verwendung gehabt hätten: von Steuerberatern. In der freien Marktwirtschaft ahmt niemand den russischen „Mineralsekretär“ nach bei dem Versuch, den Wodka zu rationieren. Auch der neue Aktionsradius ist, je nach Portemonnaie, uneingeschränkt. Die Reisebüros locken mit Pauschalpaketen nach Cancun und Florida. Wenn es denn eine Steigerungsform vom Brighton Beach geben sollte, dann wäre das wohl Miami Beach.

Das Schlaraffenland als Normalzustand ist nicht ohne Schönheitsfehler. Außerhalb der Geborgenheit von „Little Odessa“ kann die Neue Welt ihre harschen Seiten zeigen. Die Arbeiter, Handwerker und Kleinhändler müssen lernen, sich zu behaupten. Sie müssen sich im Interesse ihrer Familien rasch in dem System von „Medicare“ und „Medicaid“ orientieren. In der Sowjetunion, wo das Gesundheitswesen im Prinzip „gratis“ ist, wurde zuerst der Doktor „geschmiert“, damit er Interesse zeigte; im Krankenhaus wurde die Schwester „geschmiert“, damit sie die Bettwäsche wechselte; in der Apotheke wurde schließlich der Apotheker „geschmiert“, damit er unter dem Ladentisch doch noch das „vergriffene“ Medikament fand. In Amerika ist dies alles anders. Wer sich nicht unverzüglich und auf eigene Faust um eine Krankenversicherung bemüht, kann sogar bei der Notaufnahme im Spital in Bedrängnis geraten, wenn er keine kostendeckende Kreditkarte vorzuweisen hat.

Bevor sie mit ihren Einkaufstüten in den Seitenstraßen verschwinden, wo die Holzhäuser zwar keine geschnitzten Fensterrahmen haben, dafür aber von properen, älteren Straßenkreuzern gesäumt werden, gehen sie zu Semjon Remowskij. In Paris geboren und in Sibirien eingesessen, hat der alte Mann viel zu erzählen. Er kauert auf einem Hocker vor einer Kopie seines Steckbriefs und verkauft die eigenen Bücher. Es sind anschauliche, bittere, keineswegs humorlose Abenteuerromane aus dem Archipel GULag. Seine Helden überleben Hunger und Kälte, Schikanen und Verfolgung. Sie springen von Frachtzug zu Frachtzug auf einer scheinbar endlosen Odyssee. Sie sind Remowskijs Alter ego und so wie der Sibirjak aus Paris ein russischer „Papillon“.

„Es wird nicht hinhauen“, sagt er auf die Frage nach Gorbatschows Wirtschaftsreformen und mustert den Frager durch dicke Augengläser. „Sehen Sie, sobald meine Schwester in Kuibyschew mehr als zwanzig Hühner hat, ist das zuviel. Schon haben sie sie am Kragen. Es ist noch eine primitive Gesellschaft in einem primitiven Stadium.“ Remowskij wiederum ist keineswegs ein politischer Querulant. Schon die Frage nach Gorbatschow war ihm eigentlich nicht recht. „Über Politik spreche ich nicht. Ich bin alt und weiß darüber schon alles. Sie können mir dazu nichts Neues mehr erzählen. Sie sind jung, und es hat keinen Zweck, jungen Leuten etwas über Politik zu erzählen. Sie kommen früher oder später von selbst darauf.“

Ein anderer Besucher nickt beifällig mit dem Kopf und rollt dann vor dem Weitergehen seine Zeitung zusammen. Es ist die „Nowoje Russkoje Slowo" (Neues Russisches Wort). Die älteste russische Tageszeitung von New York wird seit dem Vorrevolutionsjahr 1910 publiziert. Sie sieht aus wie die „Prawda". Doch darin steht zuverlässig das Gegenteil. Die Quellen sind nicht „Tass" oder „Nowosti", sondern „AP" und „UPI".

Auf dem „Boardwalk" von Brighton Beach, dem hölzernen Laufsteg am Atlantikstrand, spaziert ein pensionierter Pole zwischen den Russen und ihren Englisch sprechenden Kindern. In altnachbarlicher Animosität findet er sie „ein bißchen zu materialistisch und kapitalistisch". „Es geht ihnen gut. Es gibt reichlich zu essen. Sie freuen sich des Lebens", sagt er ohne Neid. Dann will ihm aber doch Tolstojs Fabel nicht aus dem Kopf, in der ein gieriger Mann für wenige Rubel so viel Land erhalten sollte, wie er in einem Kreis von Sonnenaufgang bis Sonnenuntergang erlaufen konnte. „Er rannte bis zur Erschöpfung und brach schließlich tot zusammen. Wieviel Land hatte er nun?" Der Pole, der „gegen alle -ismen" ist und für Esperanto als Weltsprache wirbt, war früher Lehrer. Er sagt, daß die Einwandererkinder ihm besonders wegen der schlechten öffentlichen Schulen leid täten. Das sei Amerikas schwächste Stelle: „Zuwenig Mathematik, zuwenig Literatur, leere Hirne."

Trotz „Glasnost" und „Perestrojka" ist der Drang aus der Sowjetunion nach „Little Odessa" ungebrochen. Die Zahl der enttäuschten Rückkehrer, die ihre Hoffnung auf Gorbatschow und bessere Zeiten setzen, blieb gering. Vor einiger Zeit verabschiedeten sich fünfundfünzig amerikanische Russen auf dem New Yorker Kennedy-Flughafen auf aufsehenerregende Weise. Sie klagten über schwierige Arbeitsbedingungen, Kriminalität und Habgier in den Vereinigten Staaten und wurden in der alten Heimat von publizitätsbewußten Funktionären mit offenen Armen wieder aufgenommen. Wenige Wochen davor hatte sich schon eine Familie auf den Rückweg nach Moskau gemacht, nur um Tage später den nächsten Ausreiseantrag zu stellen.

Die Ursache sind meistens die unwiderruflich „amerikanisierten“ Kinder, die der sowjetische Kommunismus wie ein Schock trifft. So verließ Stalins Tochter Swetlana Georgien rasch wieder wegen ihrer unglücklichen Tochter. Der zwölf Jahre alte Walter Polowtschak riß aus und bat um politisches Asyl, als seine Eltern beschlossen, in die Ukraine zurückzugehen. Die zweite Generation der russischen Einwanderer verläßt schließlich auch „Little Odessa“ leichteren Herzens, weil sie sich in San Francisco oder Houston genauso zurechtfindet.

Sind die Russen erst einmal eingebürgert, dann haben sie auch eine Wählerstimme. Das macht sie attraktiv für Politiker in New York und in Washington. Mehr oder minder diskret machten Abgeordnete mit verbindlichen Neujahrstelegrammen und Zeitungsannoncen auf sich und die Tatsache aufmerksam, daß die Neubürger aus der Sowjetunion künftig zwischen „zwei Parteien“ wählen könnten.

Was die Parteien angeht, so hatte allerdings schon der – vor vier Jahren eingewanderte – russische Komiker Jakow Smirnow das letzte Wort. Er definierte den kleinen Unterschied zwischen Ost und West so: „In Ameeerrica you always find a party. In Rrrusssia the Party always finds you.“

MARYLAND

Ein bißchen ewige Ruhe für Scott und Zelda

Falls Scott und Zelda Fitzgerald jemals „ewige Ruhe" suchten, so haben sie diese nicht gefunden. Ihr zweites – und wohl letztes – Grab am Stadtrand von Washington liegt wie auf einer Verkehrsinsel. Zweimal täglich brandet der Lärm der „Rush-hour" gegen die Kirche und den kleinen Friedhof von „Saint Mary's" in Rockville. Zwei vierspurige Ausfallstraßen treffen an seiner offenen Flanke aufeinander. Zu Lebzeiten des „romantischen Egoisten" war dieser Teil von Maryland noch Pferdeland. Jetzt ist es Mittelpunkt eines der wild aufgeblühten Vororte, die als „High-Tech"-Enklaven die Hauptstadt wie ein Ring umschließen. Für den Schriftsteller, den im Alter von 44 Jahren in Hollywood der Schlag traf, und seine Frau, die später, knapp vierzig, in einer Irrenanstalt von Nord-Karolina verbrannte, ist es gleichwohl ein verhältnismäßig geruhsamer Ort.

Vor allem ist es ein respektablerer Platz als der obskure Hinterhoffriedhof in der Nähe, wo das stürmische Paar Jahrzehnte nach den fetten Schlagzeilen über seine literarischen Werke und seinen extravaganten Lebensstil fast in Vergessenheit geraten wäre. Dabei gerieten nicht die Bücher in Vergessenheit. Im Gegenteil: zuletzt erlebten „Zärtlich ist die Nacht" und „Der letzte Tycoon" in den siebziger Jahren ihre Renaissance. Abermals stieg die Auflage in die Millionen. „Der Große Gatsby" wurde ein Filmerfolg und diktierte für eine Weile der Herrenschneider Wahl bei Schnitt und Farbe. An Scott und Zelda, die zwischen Gläubigen und Ungläubigen auf Rockvilles altem „Union Cemetary" – und nicht inmitten der katholischen Scott-Familie bei „Saint Mary's" – begraben lagen, ging dieser „Boom" jedoch vorbei. Der Erfinder des „Jazz-Zeitalters“ und seine Gefährtin blieben unter dünner Rasendecke, in die jeder frische Regenguß neue kahle Stellen schwemmte. Der Grabstein war verwittert und kaum noch leserlich. Gewinn brachte dies nur den Kindern des Aufsehers. Sie verdienten sich ein Taschengeld, wenn sie am Valentinstag Lesern und Liebespaaren den Weg zeigen konnten.

In Amerika kümmern sich gewöhnlich weder der Staat noch die Regierung um tote Dichter. So war es ein Glück, daß sich der Frauenverein von Rockville der Fitzgeralds annahm. Schließlich waren Scotts Vorfahren alte Marylander, deren Stammbaum weit in die Kolonialzeit zurückreichte. Seine drei Vornamen verdankte er einem entfernten Vetter väterlicherseits: Francis Scott Key, dem Verfasser der amerikanischen Nationalhymne.

Evelyn Fox vom Frauenverein hielt es für eine „ausgemachte Schande“, daß einer der glänzendsten amerikanischen Schriftsteller des zwanzigsten Jahrhunderts in einem „sehr vernachlässigten“ Flecken Erde begraben sei. Sie gründete das „Projekt Fitzgerald“ und sicherte sich die Unterstützung von dessen Tochter Frances „Scottie“ Fitzgerald Smith. Fünfunddreißig Jahre nachdem Scott ein katholisches Begräbnis in „Saint Mary's“ verweigert worden war, wurden er und Zelda nun am 7. November 1975 umgebettet.

Patricia Burt hütet in der Stadtbibliothek von Rockville eine kleine Sammlung mit Büchern von und über Fitzgerald. Sie verwahrt auch die Chronik einer späten Heimkehr, wie sie vom Frauenverein zusammengestellt wurde. Dokumentierte Briefwechsel, Biographien und alte Zeitungsausschnitte ergänzen die lange Geschichte eines kurzen Lebens bis zu der posthumen Korrektur. Da ist die erste Begegnung von Scott und Zelda im Juli in Montgomery in Alabama. Die „Southern Belle“, die noch ein verzogenes Schulmädchen war, verliebt sich in den Infanterieleutnant, abgebrochenen Studenten, verhinderten Journalisten und angehenden Werbetexter. Bei der ersten Einladung für Scott zum Abendessen in der Familie reizt Zelda ihren Vater so sehr, daß der Richter Anthony Sayre die Tochter mit dem Tranchiermesser um den Tisch jagt. Danach tun alle so, als sei nichts geschehen.

Nichts an der Ehe, an den Kämpfen und lustvollen Gemeinsamkeiten der „ewig Jungen und hoffnungslos Schönen“, die sich selbst als „Paar des Jahrhunderts“ empfanden, ist gemessen oder geruhsam: die über Kontinente verteilten eleganten Auftritte und bitterbösen Szenen, Tanz und Suff in Paris, in der Schweiz oder an der Riviera, die Begegnungen mit Gertrude Stein und die Reibereien mit Hemingway. Privatleben und Literatur der Fitzgeralds sind eher geniale Bruchstücke als Meisterwerke aus einem Guß. In einem der ersten Briefe an Scott hatte Zelda ihr ruinös-unterhaltsames Programm mit dem Satz festgelegt: „Ich möchte, daß Du mich trägst wie einen Uhrkettenanhänger oder wie ein Sträußchen im Knopfloch – vor aller Welt. Und dann, wenn wir allein sind, möchte ich Dir helfen – und wissen, daß Du ohne mich gar nichts tun kannst.“

In einem Brief an einen Freund machte sich Scott Gedanken über die Zeit nach dem Tod. Fitzgerald, der in St. Paul in Minnesota geboren war, fühlte sich nicht als Mittwestler, sondern als Ostküstler, der er spätestens während seiner ruhmlosen Zeit an der Princeton-Universität geworden war. Er schrieb aus Maryland: „Ich gehöre hierher, wo alles zivilisiert und heiter, höflich und vermodert ist. Es würde mir überhaupt nichts ausmachen, wenn ich mich hier in ein paar Jahren mit Zelda unter einem Stein auf einem alten Friedhof zusammenkuscheln könnte. Das ist wirklich ein glücklicher und überhaupt kein melancholischer Gedanke.“

Als er wenige Tage vor Weihnachten – von Zelda getrennt – am 21. Dezember 1940 in der Wohnung seiner letzten Geliebten Sheilah Graham in Hollywood starb, war zunächst nur eines klar: weil Fitzgerald Kalifornien „haßte“, sollte er dort auch nicht begraben werden. Zelda, die immer wieder zwischen Geisteskrankheit und zeitweiliger Erholung schwankte und zwischen ihrer Heimat Montgomery und der dreitausend Kilometer entfernten Heilanstalt in Asheville pendelte, vermochte noch eine Überführung nach Rockville zu organisieren. Aber die damals zuständige katholische Erzdiözese von Baltimore ließ eine Bestattung Fitzgeralds „in geweihter Erde“ neben seinen Eltern und Großeltern auf „Saint Mary’s“ nicht zu. Der Schriftsteller habe „seine österliche Pflicht nicht erfüllt“ und sei länger als ein Jahr vor seinem Tod nicht mehr zur Kommunion gegangen, lautete die Begründung. John Biggs, Richter und Kommilitone Fitzgeralds in Princeton, erinnert sich an „sehr unerfreuliche“ Gespräche mit dem Gemeindepfarrer und dem Bischof von Baltimore. Weder Fitzgeralds Lebenswandel noch seine Bücher hatten demnach auf die Geistlichkeit einen vorteilhaften Eindruck gemacht. Dennoch war keines davon auf den Index Librorum Prohibitorum gesetzt worden.

Am 27. Dezember 1940 wurde Fitzgerald auf dem „Union Cemetary“ beerdigt. Ein Pastor der Episkopalkirche war anwesend, aber kein katholischer Priester. Acht Jahre später wurde seine Frau an seiner Seite bestattet. Zelda war, im Obergeschoß der Highland-Heilanstalt eingeschlossen, einem Brand zum Opfer gefallen und nur mit Hilfe ihres Schmucks und eines versengten Pantoffels identifiziert worden.

Nach der Überzeugung von „Scottie“ Fitzgerald Smith war der stille Winkel in Rockville von Anfang an der falsche Platz. Aber die Tochter konnte nicht viel tun. Ihr Vater hatte sich in seinem Testament nicht eindeutig geäußert, sondern nur „das billigste Begräbnis“ verlangt. Er hatte versäumt, einer Empfehlung des „Consumer Report“ zu folgen. Die Fachzeitschrift für Verbraucherfragen hatte gerade in einer Untersuchung über das Sterben in Amerika geschrieben: „In einer Gesellschaft, die großen Wert auf Jugend und gute Gesundheit legt, wird der Tod erst real, wenn er uns direkt betrifft. Vielleicht sollte man sagen, daß reife Menschen so verantwortungsvoll sein sollten, Pläne nach ihrem eigenen Gutdünken zu machen – und sei es nur, um den Hinterbliebenen die Konfusion und die Ausgaben zu ersparen, welche so oft auf einen Tod folgen.“

Fitzgerald hatte noch im Jahr 1931 der Bestattung seines Vaters Edward auf dem Friedhof „Saint Mary’s“ beigewohnt. Das Erlebnis steht mit unverkennbar autobiographischen Zügen in dem zwei Jahre später publizierten Roman „Zärtlich ist die Nacht“. Über Dick Diver, die Hauptfigur, heißt es: „Am nächsten Tag wurde sein Vater auf dem Friedhof zwischen hundert Divers, Dorseys und Hunters gelegt. Es war sehr freundlich, ihn dort, umgeben von all seinen Verwandten, unterzubringen. Blumen lagen verstreut auf der braunen, unebenen Erde. Dick hatte hier nun keine Bindungen mehr und glaubte nicht, daß er zurückkommen würde. Er kniete auf dem harten Boden. Diese Toten – er kannte sie alle, ihre wettergegerbten Gesichter mit den blaublitzenden Augen, die hageren starken Körper, die Seelen, geschaffen aus neuer Erde in der waldschweren Dunkelheit des 17. Jahrhunderts. Leb wohl, mein Vater. Lebt wohl, alle meine Väter."

Am 7. November 1975 wurde schließlich Versäumtes nachgeholt. Es war ein Tag wie aus dem Bilderbuch des Washingtoner „Indian Summer". Die Vertreterinnen des Frauenvereins und eine Gruppe von Verehrern und Verwandten versammelten sich auf dem Friedhof von „Saint Mary's" zur Umbettung von Scott und Zelda. Diesmal gab es außer der literarischen Ehrung auch kirchlichen Segen. Robert Pumphrey, derselbe Bestattungsunternehmer aus dem benachbarten Bethesda, der schon im Jahr 1940 den Auftrag erhalten hatte, besorgte das Praktische. William Silk, der neue Pfarrer von „Saint Mary's" – er kannte die Romane und hatte sich dennoch bei der Erzdiözese energisch für die Fitzgeralds eingesetzt –, sagte in seiner Grabrede, daß das Werk dieses Schriftstellers die „menschliche Unvollkommenheit" widerspiegele. William Baum, der neue Erzbischof, hatte der Umbettung ohne Verzug zugestimmt. Nun veröffentlichte er eine Erklärung, die F. Scott Fitzgerald als einen Künstler charakterisierte, der es „mit Hellsicht und poetischem Einfallsreichtum vermochte, den Kampf zwischen Gnade und Tod darzustellen". Seine Helden hätten „in diesem großen Drama Gott und die Liebe gesucht".

Tochter „Scottie" brachte einen Strauß gelber Chrysanthemen. Professor Matthew Bruccoli, herausragender Fitzgerald-Biograph an der Universität von Süd-Karolina, las aus den Romanen vor und zitierte den Brief vom „Zusammenkuscheln unter einem Stein". Er wurde nur gelegentlich von einem vorüberdonnernden Lastwagen unterbrochen. Erleichtert sagte er später: „Es war ein würdevolles und freudiges Ereignis. Wir hatten uns schreckliche Sorgen gemacht, daß es nicht makaber würde. Es war offensichtlich ein bißchen spät, einen Mann zu betrauern, der seit fünfunddreißig Jahren tot war. Aber es war nicht makaber, es war beglückend.“ Der Bürgermeister von Rockville proklamierte einen „F.-Scott-Fitzgerald-Tag“. Der „Washington Star“ gab dem „letzten Kapitel“ der Scott-und-Zelda-Saga die Überschrift: „Zärtlich war der Tag“.

Seitdem sind weitere fünfzehn Jahre vergangen. Die beiden Fitzgeralds haben einen neuen Grabstein erhalten, auf dem ein paar Zeilen aus dem „Großen Gatsby“ eingemeißelt sind: „So we beat on, boats against the current, borne back ceaselessly into the past.“ Die Gräber der Familie sind gut gepflegt und leicht zu finden. Nicht nur am Valentinstag kommen Besucher. Manche wissen, daß Zelda, wie Nancy Milford schrieb, „durch Fitzgeralds sämtliche Romane geistert“. Andere wissen, was Zelda selbst über Friedhöfe und über ihren eigenen Tod an Scott geschrieben hat: „All die zerbrochenen Säulen und gefalteten Hände, die Tauben und die Engel, sie sind Sinnbilder von Romanzen. Ich glaube, daß sich in hundert Jahren junge Leute darüber Gedanken machen werden, ob meine Augen braun oder blau waren – sie waren natürlich weder das eine noch das andere.“

Zeldas Augen waren grün, und als ihr Mann nahezu mittellos starb, war Franklin Roosevelt Präsident. Scotts Gläubiger waren zugleich seine Verleger, und keiner davon hatte viel Hoffnung, jemals noch mit seinen Büchern Geld zu verdienen. „Der letzte Tycoon“ war ein Torso geblieben. Als Zelda starb, war Harry Truman Präsident, und an Fitzgeralds mageren Auflagen hatte sich wenig geändert. Doch dann schien jede Generation ihn neu zu entdecken. Es begann in den von Feuerköpfen als bieder und schließlich langweilig empfundenen Eisenhower-Jahren nach dem Krieg.

Unter Kennedy, Johnson und Nixon wurden Fitzgeralds Geschichten Pflichtlektüre in Schulbüchern. Als Scott und Zelda umgebettet wurden, war „Watergate“ gerade vorbei. Der Übergangspräsident hieß Gerald Ford und dessen Nachfolger Jimmy Carter. Carter wurde im Weißen Haus nicht gerade für glanzvolle Gesellschaften bekannt. Aber Hollywood, für das Fitzgerald Drehbücher geschrieben und ein drehbuchreifes Leben gelebt hatte, feierte kurz darauf einen späten Triumph im fernen Washington. Ronald Reagan, dessen beste Erinnerungen wie die der – ihm bekannten – Fitzgeralds in die zwanziger Jahre zurückreichen, zog unweit von Rockville in das Weiße Haus ein. Dort änderten sich nun Protokoll und Cartersche Kargheit. Unterhaltsamkeit und ein guter Schneider galten wieder etwas. Staatsbankette wurden nach der kalifornischen Formel „Where nothing that is done is not done flamboyantly“ (wo alles in großem Stil gemacht wird) ausgerichtet. Scott und Zelda wären gewiß häufig eingeladen worden, wie Jimmy Stewart, die Ikone der Zunft. Und sie hätten natürlich kein einziges Dinner verpaßt.

Doch das ist nur eine Phantasie vom Stadtrand. In Wirklichkeit wurde inzwischen in der öffentlichen Bibliothek von Rockville eine unscheinbare Ehrenplakette mit Bildern von Scott und Zelda aufgehängt. Ein unauffälliger Platz neben dem Friedhof, der früher wegen eines Autohändlers „Dodge-Dreieck“ hieß, wurde in „Fitzgerald-Dreieck“ umgetauft. Vor kurzem wurde „Scottie“, das einzige Kind von Scott und Zelda, neben ihren Eltern begraben.

Der neue Pfarrer von „Saint Mary's“ weiß nicht viel über die zahlreichen Fitzgeralds auf seinem Kirchhof und will anscheinend auch nicht viel von ihnen wissen. An einem frostklaren Wintertag führt noch keine einzige Fußspur zu ihren Gräbern zwischen den bald zweihundert Jahre alten Eichen vor moderner gläserner Kulisse. Die gemeißelten Worte aus dem „Großen Gatsby“ von den Schiffen, die endlos gegen die Strömung ankämpfen, nur um auf die Vergangenheit zurückgeworfen zu werden, hat der Schnee zugedeckt. Nach einer Weile trocknen die mit dem Handschuh freigewischten Buchstaben in der Sonne und werfen ihre eigenen, scharfen Schatten. Die Haushälterin des Pfarrers verweist Forscher und Neugierige mit ihren Fragen an Rockvilles „Historische Gesellschaft“.

Berlin

„Ich bin ein Berliner", sagt John H. Burbage. Er sagt es fraglos mit dem gleichen Recht wie einst John F. Kennedy. Burbage ist nämlich Bürgermeister von Berlin und, seinem fröhlichen Selbstbewußtsein nach zu urteilen, ein sehr „regierender" dazu. Sein Berlin ist keine Insel und weit vom Wannsee entfernt. Es liegt am Meer, wenn auch nicht direkt an der amerikanischen Atlantikküste. Sieben Meilen landeinwärts von Ocean City, dem Rimini der Vereinigten Staaten, steht auf dem Ortsschild: Berlin, Maryland.

Hier ist man sich des 750. Geburtstages der großen deutschen Schwester wohl bewußt. In John Burbages Amtszimmer versammelte sich dieser Tage die gesamte Lokalpresse. Die Lichter der Fernsehkameras leuchteten auf, als eine denkwürdige Telefonverbindung mit dem alten Europa hergestellt wurde. „Guten Morgen, Herr Bürgermeister", sagte Burbage, respektabel akzentfrei, zu Berlins Regierendem Bürgermeister Diepgen. Auf englisch fuhr er fort, seine Stadt habe dreitausend Einwohner. Rasch fügte er noch hinzu: „Wir leben im besten Staat der Vereinigten Staaten, in Maryland, dem Garten der Welt." Dann war seine Zeit um. Außer ihm wollten fünfzehn weitere Bürgermeister von Berlin, deren Lokalpatriotismus ebenfalls nicht zu unterschätzen war, noch zu Wort kommen.

Die Idee zu einer Konferenzschaltung hatte eine amerikanische Telefongesellschaft. Sie spendierte den sechzehn Bürgermeistern der sechzehn amerikanischen Orte namens Berlin jeweils eine Minute für einen Plausch mit dem deutschen Amtskollegen. Hätte die Firma nur den Bürgermeister der Hauptstadt Washington in diese freundliche Geste eingeschlossen, dann wäre Marion Barry vielleicht eine Peinlichkeit erspart geblieben. Barry, etwas zerstreut, weil seine Schwiegermutter gerade wegen Brandstiftung vor Gericht zitiert worden war, hatte nämlich seinen Glückwunsch zum Jubiläum versehentlich nach Ost-Berlin geschickt. Damit war der Nachweis erbracht, daß er – oder sein Protokollchef – an einem entscheidenden Tag im Geographieunterricht gefehlt hatte. Vom Kapitol bis zum Weißen Haus hallte das Gelächter wider.

Amerikas Berlins liegen weit verstreut. Der Bundesstaat Ohio, Heimat zahlreicher deutscher Einwanderer, zählt allein drei. New Jersey hat ein Berlin und ein West-Berlin. In Texas gibt es ein „Neu-Berlin". Die übrigen Dörfer und Kleinstädte mit dem berühmten Namen (keine mit mehr als fünfzehntausend Einwohnern) sind in Connecticut, Georgia, Maryland, Massachusetts, New Hampshire, dem Staat New York, Nord-Dakota, Oklahoma, Pennsylvania und Wisconsin. Berlin, Oklahoma, ist mit gerade fünfzehn Berlinern die kleinste Gemeinde. Dort wurde die Buchhalterin Mae Campbell für einen Tag ehrenhalber zur Bürgermeisterin erklärt. In ihrer Küche gab es für die Nachbarn kostenlos Kaffee und „Doughnuts", entfernte Verwandte der echten „Berliner". Als Maes Minute vorüber war, seufzte sie hoffnungsvoll: „Dies könnte uns auf die Landkarte gebracht haben."

John Burbage ist frei von solch kleinlichem Selbstzweifel. Er regiert seit sechsundzwanzig Jahren ein Berlin, welches schon seit hundertzwanzig Jahren einen festen Platz auf der Landkarte hat. Vor zehn Jahren hat er einmal das andere Berlin und den damaligen Regierenden Bürgermeister besucht. Dessen Name ist ihm allerdings entfallen. Dafür erinnert er sich lebhaft an die Mauer („Das ist schon ein Ding!") und an eine kurze Visite in Ost-Berlin: „Wir passierten den Checkpoint Charly. Die drüben nahmen alles sehr genau. Wir mußten sogar die Schuhe abputzen. Wahrscheinlich wollten sie vermeiden, daß wir Bakterien hereinbringen. Ich sagte zu meiner Frau: ‚Wenn dir irgend jemand kommunistische Propaganda aufzwingen will, dann nimm das Papier, widersprich nicht und fang nicht an zu diskutieren.'"

Der barocke, bewegliche Bürgermeister, der ein Flugzeug und eine Jacht sein eigen nennt, hat Erfolg im Bekleidungs- und Immobiliengeschäft. Die alte Berliner Familie hat acht Kleiderläden in der Stadt und der Umgebung. Burbage jr., der Sohn, ist Einkäufer für Herrenkonfektion, der Senior für Damenkleider. Bis vor kurzem besaß letzterer auch die Pferderennbahn am Ort und versichert glaubhaft, er habe dort „fünfzehn Jahre lang keine Nacht gefehlt".

Bürgermeister ist für ihn kein Posten, der ihn ausfüllt. Gewöhnlich verbringt er am Vormittag drei Stunden im Rathaus. Das wichtigste Projekt ist zur Zeit der Bau eines Krankenhauses. Noch gibt es kein Hospital in der Stadt. Aber ein Privatmann ist bereit, dafür das Geld zur Verfügung zu stellen. Die „City Hall" ist auch nicht gerade mit dem Schöneberger Rathaus zu vergleichen. Aber sie liegt zentral und ist technisch gut ausgerüstet. Sie beherbergt nicht nur die Stadtverwaltung, sondern auch die Polizeiwache und die öffentliche Bedürfnisanstalt. Vor der Eingangstür zur Wache steht eine vom Bürgermeister gestiftete Bank zum Ausruhen.

Bald sind Wahlen. Burbage wird abermals kandidieren, trotz der „Wohnsitzfrage". Im letzten Wahlkampf hatte sein Rivale mit der beharrlichen Frage „Wo schläft eigentlich unser Bürgermeister?" erfolglos versucht, Stimmung zu machen. Burbage gibt zu, daß er ein Haus in Ocean City und ein zweites in Salisbury habe und öfters nicht in Berlin übernachte. Um den Angriffen des Widersachers die Spitze zu nehmen und zugleich die Medien zu besänftigen, schlief er demonstrativ in einer seiner Filialen in der Hauptstraße. Zugleich setzte er beim Justizminister in Annapolis eine neue, weitherzigere Bestimmung der Wohnsitzpflicht für Lokalpolitiker durch. So schuf er einen Präzedenzfall, der nun „in allen Gesetzbüchern steht".

Der Name des Berlin in Maryland hat nichts mit der ehemaligen Reichshauptstadt oder mit deutschen Immigranten zu tun. Er ist, wie die ersten Siedler – nach den Indianern –, angelsächsischen Ursprungs. Nach einer Landschenkung von Lord Baltimore entstanden, zunächst namenlos, Plantagen um den verkehrsgünstigen Knotenpunkt am „Delaware Trail". Es war vermutlich das Gasthaus „Burley Inn" auf der alten Postkutschenstraße, aus dem dann verkürzt „Berlin" wurde. Der Akzent sitzt unverändert auf der ersten Silbe.

„Main Street", die Hauptstraße, ist wie eine bildhafte Stadtchronik. Die Pferdeställe und die Bars mit den Schwingtüren fehlen. Aber all die Läden für eine bäuerliche Kundschaft, darunter der Stiefelschuster, sind noch da. Auch die „Calvin B. Taylor Bank" verwaltet unverändert das Ersparte der Berliner. Ihr Gründer im Jahr 1899 war zugleich Stadtrat und Leiter der Sonntagsschule in der „Buckingham Presbyterian Church". Sein Haus, das gerade renoviert wird, dient als Heimatmuseum. Es ist ein Schmuckstück, ebenso wie die benachbarten Herrenhäuser im Kolonialstil, die mit ihren Säulen und hölzernen Veranden, den Magnolien und Azaleen in den Vorgärten Berlin den Hauch eines Südstaaten-Städtchens geben. Die „Mason-Dixon Line" ist nicht weit.

In einem Dokument der Stadtbibliothek aus dem Jahr 1952, also vor der Aufhebung der Gesetze über die Rassentrennung, heißt es über Berlin: „Es leben 2005 Bewohner innerhalb der Stadtgrenzen. Sie unterhalten viele feine Geschäfte, drei Kirchen für die weißen Bürger und eine für die Neger." Nach dem Bürgerkrieg waren freigelassene Sklaven aus dem Süden auch nach Berlin gekommen. Außer der Episkopalkirche und den Gotteshäusern für Presbyterianer und Methodisten wurde nun auch eines für Baptisten gebraucht. Die „Fundis" haben sich unterdessen am Stadtrand niedergelassen. Pastor Steve Wagners bescheidene Kirche der baptistischen „Fundamentalisten" ähnelt einem großen Wohnwagen. Er und seine Anhänger nehmen die Bibel wörtlich. Für sie stehen darin nur „historische Tatsachen" und keine Allegorien, von Adam und Eva angefangen.

Die Schwarzen machen zur Zeit rund zwanzig Prozent der Stadtbevölkerung aus. „Die meisten wohnen in Ostberlin", sagt der Bürgermeister. Das ist die „ethnische Gegend", wo die Unterkünfte ziemlich ramponiert sind, der Anschluß an die Kanalisation noch nicht überall klappen will und in den Höfen die Gerippe alter Straßenkreuzer verwittern. „Ostberlin" ist mehr Kreuzberg als Ost-Berlin.

Wie das große, so hat auch das kleine Berlin harte Zeiten hinter sich. In Maryland fielen keine Bomben. Aber dreimal verwüstete in diesem Jahrhundert ein Feuer die Stadt. Nach dem Zweiten Weltkrieg begann die Landflucht, der Auszug der Jungen und der Triumphzug der Einkaufszentren in den Großstädten. Berlin scheint sich jetzt von wirtschaftlicher Depression zu erholen. Es gibt neue Arbeitsplätze und neues Interesse am Aussehen des Stadtkerns. Mit Hilfe von Bundesgeldern und örtlicher Initiative werden im „historischen Bezirk" die Ziegelfassaden restauriert. Auf seine Art soll „Main

Street“ wieder ein Kurfürstendamm und das „Atlantic Hotel“ sein Kempinski werden. Noch gibt es in Berlin für Reisende nur saisonal „Bed and Breakfast“. Aber das „Atlantic“, das nach dem Bau der ersten Eisenbahn auf dem „Delaware Trail“ eine Menge Sommerfrischler angezogen hatte, dann herunterkam und zuletzt die Kampfrufe barfüßiger Amateure bei Übungen in asiatischer Selbstverteidigung zu hören bekam, ist im Blick auf bessere Tage wieder eingerüstet.

Aus „Farlows Pharmacy“ gegenüber wäre auch noch etwas zu machen. Dort befand sich im zweiten Stock der Apotheke früher das „Berliner Opernhaus“. Die Aufführungen wurden jedoch schon in den zwanziger Jahren unterbrochen, weil man die Räumlichkeit brauchte. Die „Buckingham“-Oberschule war dem Ansturm der Kinder nicht länger gewachsen und errichtete eine Zweigstelle in der Oper. Ein Stockwerk tiefer wurden derweil nicht nur Salben und Tinkturen verkauft, sondern auch Bohnen in Dosen, Haarwuchsmittel, Feuerwasser und, wenn nötig, Patronen.

Hätte Berlin ein Wappentier, so wäre es nicht der Bär. Es wäre das Huhn, gerupft und geköpft. Der Broiler ist das Rückgrat der Industrie. „Hähnchenkönig“ Frank Perdue ist der größte Steuerzahler der Stadt. Seine – überwiegend schwarzen – Angestellten schlachten eine halbe Million Hühner pro Woche. Seine Fabrik mit dem Wasserturm und den Silos für Fischmehl ist im übrigen der einzige Ort in Berlin, den ein hoher Zaun mit Stacheldraht umgibt – damit das Federvieh nicht wegläuft. Wenn der Wind nicht von Ocean City eine frische Brise herüberträgt, dann riecht es überall in Berlin etwas streng. Gefragt, ob seine Bürger eine Lieblingsspeise hätten, die Bouletten und einer „Berliner Weißen“ vergleichbar wäre, erwidert der Bürgermeister: „Huhn und Coke.“

Das gesellschaftliche Ereignis des Jahres hat auch mit Huhn zu tun. Es ist der „Delmarva Chicken Contest“. Die drei Nachbarstaaten Delaware, Maryland und Virginia wählen auf diesem Wettbewerb ihre Schönheitskönigin. Daran nimmt heuer als „Miss Berlin“ die sechzehn Jahre alte Oberschülerin Linda Bunting teil. Viermal errang in den letzten achtzehn Jahren eine „Miss Berlin“ den Titel „Miss Delmarva Chicken“. Doch nicht nur Frauen sorgten für Aufsehen jenseits der Stadtgrenzen.

John W. Pitts, der erste Bürgermeister von Berlin, war im achtzehnten Jahrhundert vor allem als hochgeachteter Heilpraktiker bekannt. Die Herren Henry Adams und Orlando Harrison machten als Rivalen im Bürgermeisterwahlkampf von 1920 auf sich aufmerksam, weil sie für jede Stimme die bis dahin unerhörte Summe von sechzig Dollar boten. Alexander Campbell, Pastor an der Presbyterianer-Kirche, erfand im Jahr 1930 die Mähmaschine. Dem Reverend gelang es jedoch nicht, den mechanischen Erntehelfer, der noch von einem Pferd gezogen wurde, zur Serienreife zu entwickeln. Dies tat wenig später der Virginier Cyrus McCormick. Ihm fiel der weltweite Ruhm zu. McCormick hatte wenigstens Anstand genug, die Tochter des Pastors Campbell zu heiraten. So blieb das Patent in der Familie.

Besonders stolz ist Berlin jedoch auf den größten Sohn der Stadt: Stephen Decatur. Nach ihm wurden ein Park, eine Schule und eine Überlandstraße benannt. Der Commodore der Flotte der Vereinigten Staaten wurde eher zufällig am 5. Januar 1779 in Berlin geboren. Seine hochschwangere Mutter war aus Philadelphia geflüchtet, als die britischen Truppen, angeführt von Lord Howe, gegen die widerspenstigen Bürger der „Stadt der brüderlichen Liebe“ vorrückten. Decatur – er starb nach einem Duell am 22. März 1820 in Bladensburg – machte bei der Marine eine illustre Karriere. Er kämpfte tapfer vor Tripoli und wurde als Fünfundzwanzigjähriger zum jüngsten Kapitän der Seestreitkräfte befördert. Von ihm stammt der vielleicht meistzitierte Toast amerikanischer Patrioten. Decatur brachte ihn im Jahr 1816 in Norfolk mit den Worten aus: „Unser Land! Möge es im Umgang mit fremden Nationen immer im Recht sein. Aber – our Country, right or wrong.“ Auch er war ein Berliner.

Rosen und Cognac für Edgar Allan Poe

Jedes Jahr am Geburtstag kommt ein Unbekannter an das Grab von Edgar Allan Poe. Irgendwann zwischen Mitternacht und Sonnenaufgang betritt er den kleinen Friedhof neben der Westminster-Kirche in Baltimore. Er trägt einen langen, dunklen Mantel und einen breitkrempigen Hut. Einen weißen Schal um den Hals geschlungen und einen Stock mit vergoldetem Knauf in der Hand, bringt er dem „Vater des Kriminalromans“ zwei Geschenke: drei rote Rosen und eine Flasche französischen Cognac von tadelloser Qualität. Erst legt er die Rosen auf den Sockel des Denkmals, unter dem der Schriftsteller zwischen seiner Frau Virginia und seiner Tante und Schwiegermutter Maria Clemm beigesetzt ist. Dann stellt er vorsichtig die Flasche daneben, verharrt einen Augenblick, verbeugt sich und geht davon.

Wer glaubt, daß dies ein Hirngespinst sei, oder die schäbige Nachahmung einer Poeschen Geschichte, irrt. Wer sich selbst überzeugen will, braucht sich nur in der Nacht zum 19. Januar mit warmer Unterkleidung auf dem Kirchhof – Ecke Fayette- und Greene-Straße – im Hafenviertel von Baltimore einzufinden und zu warten.

Der Fremde kommt regelmäßig seit dem Winter des Jahres 1949. Damals wurden die ersten Blumen und die erste Bouteille entdeckt. Es erregte wenig Aufsehen. Die Zeiten waren nicht nach kleinen, dramatischen Gesten. Es sollte bis in die siebziger Jahre dauern, bis man Notiz nahm. Seitdem gibt es nämlich eine Gesellschaft, welche die Erinnerung an einen von Amerikas hervorragendsten Dichtern pflegt und sein Hausmuseum instand hält. Außerdem gibt es Jeff Jerome, den Kurator und Angestellten der Stadtverwaltung, der neuerdings in der Geburtstagsnacht – diesmal zum 180. – zu einem „Mitternachtstoast“ auf die alte Ruhestätte von Baltimores renommiertesten Presbyterianern einlädt. Die Eintrittskarte kostet acht Dollar, ein Getränk am Grabe eingeschlossen.

Weil Jerome so oft als erster im Morgengrauen die Rosen

und die Flasche fand, wurde er verdächtigt, der Spender und zugleich ein gerissener Werbefachmann zu sein. Aber er war es nicht. Er hatte ein Alibi. Außerdem gab es Zeugen. Neugierige Poe-Verehrer, die sich auf die Lauer legten, sahen den geheimnisvollen Besucher bislang insgesamt dreimal und sagten, er sei von zierlicher Gestalt. Niemand sprach ihn je an. Niemand fragte nach seinem Namen. Man respektierte seine stumme Reverenz und sein Inkognito. Unter dem bisweilen flatterhaften Anhang des Schriftstellers ist er kein Schönwetterfreund. Seine Präsente sind zur Stelle, auch wenn sie mitunter von Schneestürmen, die aus Kanada durch Neuengland herabfegen, bis zum Korken zugedeckt wurden.

Edgar Poe wurde am 19. Januar 1809 in Boston geboren, einer kühlen Stadt, die er abfällig „Froschteich“ nannte. Im Herzen war er ein Südstaatler, ein „Gentleman aus Virginia“, in dessen Hauptstadt Richmond er seine Kinderzeit verbrachte. Der Vater, David Poe, stammte aus Baltimore. Er war Schauspieler, wie die Mutter. Ein Jahr nach Edgars Geburt verließ er das Haus, verschwand in New York und wurde nicht wieder gesehen. Ein Jahr später starb die Mutter an Schwindsucht, jener Krankheit, die Poe später auch seine junge Frau nehmen sollte.

Als Pflegeeltern, jedoch ohne ihn zu adoptieren, nahm das Ehepaar Allan aus Richmond den Jungen auf. Die Allans, deren Name Edgar Poe in den seinen einfügte, waren wohlhabend. Aus dem klugen Kind, das gute Schulen besuchte – darunter fünf Jahre in England – und Griechisch, Latein und Französisch lernte, hätte ein sorgenfreier Erbe werden können. Er besuchte die Universität von Virginia, die gerade von Thomas Jefferson, dem dritten Präsidenten der Vereinigten Staaten, gegründet worden war. Obwohl Poe es nirgends erwähnt, wird vermutet, daß auch er zu den Studenten zählte, die gelegentlich von Jefferson in sein Haus nach Monticello eingeladen wurden. Vielleicht hatte Edgar an dem greisen Verfasser der Unabhängigkeitserklärung und dessen Ansichten nur mäßigen Gefallen gefunden. In der Frage der Sklaverei vertrat Poe jedenfalls den orthodoxen Standpunkt des Südens.

Nach dem Tod der Pflegemutter häuften sich die Zerwürfnisse mit dem geizigen Mr. Allan, der für Poes Kunst, seine Gedichte und Erzählungen, wenig übrig hatte. Der alte Handelskaufmann wies ihm die Tür und ließ ihn am Ende unter all seinen Erben unbeachtet. Dabei hatte Poe wohl versucht, ihm zu gefallen. Er war in die Armee der Vereinigten Staaten eingetreten und brachte es bis zum Oberfeldwebel. Dann scheiterte er aber auf der Offiziersschule von Westpoint an Geldmangel und angegriffener Gesundheit. Zeitlebens versuchte er sich als Autor und Herausgeber bei wechselnden Zeitschriften. Literarische Anerkennung blieb ihm nicht versagt. Nach dem Gedicht „Der Rabe“ war er im Prinzip ein berühmter Mann. Aber er kam auf keinen grünen Zweig. Aus schierer Geldnot schrieb er zwischen dem „Doppelmord in der Rue Morgue“ und dem „Untergang des Hauses Usher“ auch ein Schulbuch über Muscheln. Es war das einzige Druckwerk, das in dem vierzigjährigen Leben des Verfassers eine zweite Auflage erreichte.

Der junge, mittellose Poe hatte nach dem Hinauswurf bei seiner Tante Maria Clemm in Baltimore Unterschlupf gefunden. Er heiratete ihre Tochter Virginia, als diese erst dreizehn Jahre alt war. Er liebte sie sehr und litt, als sich bald bei ihr erste Anzeichen von Tuberkulose zeigten. Als sie mit fünfundzwanzig Jahren in einem New Yorker Vorort starb, beschrieb eine Bekannte die Umstände so: „Sie lag auf dem Strohbett in ihres Mannes Soldatenmantel eingehüllt, mit einer großen Katze auf der Brust. Die wunderschöne Katze schien sich ihres großen Dienstes bewußt zu sein. Mantel und Katze waren die einzigen Wärmespender für die Leidende, abgesehen davon, daß der Mann ihre Hände und die Mutter ihre Füße hielt.“ In Erinnerung an Virginia schrieb Poe „Annabel Lee“, Amerikas populärstes Liebesgedicht.

Drei Plagen schienen Poe unablässig zu begleiten: Armut, Schwindsucht und Rausch. Poe trank, aber er vertrug keinen Alkohol. Er machte ihn nervös, irritierte den reizbaren Geist noch mehr. Das Jahr 1849 brachte endlich einen Lichtblick. Poe hatte wieder eine Frau gefunden. Seine Jugendfreundin Elmira, eine verständnisvolle, begüterte Witwe, willigte in eine Heirat ein. Poe reiste aus Richmond, wo er wieder seinen Wohnsitz genommen hatte, in das neblige Baltimore, um die

Tante zur Hochzeit abzuholen. Aber dazu sollte es nicht mehr kommen.

Am 3. Oktober wurde er halb besinnungslos auf einer Straße von Amerikas damals drittgrößter Stadt aufgefunden. War er betrunken, schwer krank, oder war er überfallen worden? Jeff Jerome hat zweiundzwanzig verschiedene, widersprüchliche und unbeweisbare Versionen jener Ereignisse gesammelt. In Baltimore waren gerade Wahlen, und Stimmen wurden unter anderem „gekauft". Hatte irgend jemand Poe unter Alkohol gesetzt, mit ihm „gewählt" und sich dann seiner entledigt? Nach tagelangem Delirium starb Poe mit den Worten „Gott, hilf meiner armen Seele!" am 7. Oktober an „Hirnfieber".

Neben seinem Großvater David Poe Sr., der 1743 aus dem irischen Londonderry in die Neue Welt ausgewandert war, wurde der Enkel in einer hinteren Ecke des Westminster-Friedhofes begraben. Als der Nachruhm schließlich kam und ein neues Jahrhundert näherrückte, erinnerte man sich des Schriftstellers in der zweitletzten Reihe. Die Schulkinder von Baltimore sammelten so viele Pennies, bis es zu einem Gedenkstein vorne, gleich neben dem Hauptportal, reichte. Poe wurde umgebettet und erhielt ein Porträt aus Bronze. Auch auf die alte Grabstätte neben dem Großvater kam ein neuer Stein mit dem Raben „Nimmermehr" in Granit und der Verszeile als Inschrift: „Quoth the Raven, ‚Nevermore'".

In diesem Januar mußte der Rosenbringer bis spät nach Mitternacht warten. Knapp vierhundert Besucher aus Maryland und anderen Bundesstaaten hatten sich zu einer ausladenden Geburtstagsfeier eingefunden. In der Westminster-Kirche begannen Theater und Dichterlesungen schon am frühen Abend. Poe war da, in Gestalt von Conrad Pomerleau, dem wohl akkuratesten Imitator auf der Bühne. Tony Tsendeas, der Direktor von Baltimores „Action Theatre Company", gab markerschütternd mit Axt und Zwangsjacke „Die schwarze Katze" und „Das verräterische Herz". Nach diesen beiden Erzählungen von der fadendünnen Grenze zwischen Wahnsinn und Scharfsinn und der Überheblichkeit des Täters nach scheinbar perfektem Mord stellte sich „Frank the Body-Snatcher" vor.

Aus der historisch verbürgten Geschichte von dem Leichenräuber Frank ist die dramatische Fassung der Umtriebe eines absolut unappetitlichen Zeitgenossen Poes geworden. Wenn der Schriftsteller ihn auch nicht persönlich gekannt haben mag, so muß er doch von dem seltsamen Nachbarn gewußt haben, der die Ärzte in der Anatomieabteilung der Universität Maryland – sie grenzt direkt an den Westminster-Friedhof – mit „Objekten" versorgte. Den Doktoren war im achtzehnten Jahrhundert nämlich das Sezieren verstorbener, rechtschaffener Bürger von Baltimore bei Strafe verboten. Nur gehenkte Verbrecher, deren Seelen mit großer Wahrscheinlichkeit nicht für einen lichten Ort bestimmt waren, durften zum Nutzen der Wissenschaft untersucht werden. Wenn es an ihnen aber mangelte, gaben die Ärzte Frank einen Auftrag. Sie zahlten ihm, der seinen Hals riskierte, jeweils bis zu zehn Dollar. Überliefert ist dies aus den Briefen von Nathan Rhyno Smith, Professor für Chirurgie an der Marylander Hochschule. Voller Lob schrieb er über Frank, der im bürgerlichen Beruf Hausmeister in der Anatomie war: „Nie hat ein Besserer den Spaten gehoben."

Gesättigt von gruseligen Mementos, versammelte sich die Geburtstagsgesellschaft fünf Minuten vor zwölf in der frischen Luft um Poes Grab. Ein Bewunderer rezitierte den Mitternachtstoast: „Wir ehren Ihr Leben, Mr. Poe, weil Sie das unsere mit zahllosen Geschichten, Gedichten und Aufsätzen geehrt haben. Diese erregen uns, stimmen uns traurig und hören nie auf, uns mit verblüffenden Ansichten über die menschliche (und manchmal unmenschliche) Verfassung zu erstaunen. Heben wir unsere Gläser hoch. Wir können, Mr. Poe, nicht mehr auf Ihr Wohlleben trinken. Daher trinken wir auf Ihr langes und glückliches Nachleben."

In Grüppchen schritten die Poe-Verehrer dann über die Rasenflecken und durch die Katakomben von Westminster. Leser tauschten Eindrücke und Erfahrungen aus über den Mann, dessen Werk Dostojewski, vor allem aber die Franzosen, von Mallarmé bis Valéry, begeistert hatte, und das von Baudelaire unübertrefflich übersetzt worden war.

„Drei Fünftel Genie, zwei Fünftel Unsinn", zitierte ein Skeptiker den scharfzüngigsten Verriß Poe'scher Schriftstellerei, fand aber wenig Gehör. Ein anderer ließ sich Corneilles Vorspruch zu „Der Mann, der aufgerieben worden war" auf der Zunge zergehen: „Weint, weint, meine Augen, und versinkt in Tränen. Die eine Hälfte meines Lebens hat die andere ins Grab gebracht."

Namen flogen hin und her. Es ging um Ableger vom Stamm Monsieur C. Auguste Dupins, des ersten Detektives der Literaturgeschichte, der wirklich seinen Verstand benutzte – so wie nach ihm Hercule Poirot, Kommissar Maigret, Nero Wolfe und natürlich, der gerade in England hundert Jahre alt gewordene, Sherlock Holmes. Langsam löste sich die Party auf. Mit kräftiger Hand schloß ein schwarzer Beamter der „Metropolitan Police" das Friedhofstor. Draußen warteten einige noch ein Weilchen unschlüssig auf den „Fremden". Andere gingen heim und sagten, sie seien „ja nicht so verrückt" und wollten sich „nicht ausgerechnet hier den Tod holen". Über Baltimore war ein Eisregen niedergegangen, und ein scharfer Wind blies durch die Häuserschluchten. Weißer Rauch stieg aus den Schächten und Löchern in den Kanaldeckeln, als ob ein unterirdischer Koch an vielen Feuerstellen zugleich etwas brodeln lasse.

Kurz vor drei Uhr früh schlüpfte ein hochgewachsener Mann durch eine Seitentür auf den Friedhof. Sie war diskret offengelassen worden. Vier Augenzeugen, die in den schützenden Mauern von Westminster zurückgeblieben waren, beobachteten ihn durch ein Kirchenfenster. Sie sahen zunächst nur das Offensichtliche: Hut und Mantel, Blumen und Flasche. Dann dünkten sie sich aber sicher, daß dies nicht der Gratulant war, der fast vier Jahrzehnte lang Poe seine Aufwartung gemacht hatte. Der neue Besucher schien um einen Kopf größer zu sein als der Altbekannte, auch jünger und korpulenter. Einer der Beobachter hatte eine Theorie: Führte hier vielleicht der Sohn die Tradition seines Vaters fort? Aber die vier machten sich nicht bemerkbar und störten den Unbekannten nicht. Weil die Distanz ziemlich groß war, ist ihre Personenbeschreibung nicht viel wert, nicht einmal die des Profils. Es blieb so unscharf, daß jeder Detektiv darob seufzen oder verzweifeln würde.

Am Montagmorgen, noch bevor Baltimore erwachte, kam

Jeff Jerome. Er roch an den drei Rosen („eine für jedes Familienmitglied in dem Grab") und nahm den Cognac an sich. Wie in jedem Jahr war die Flasche, je nach Blickwinkel, halb voll oder halb leer. Poes Freund – der Kleine wie der Große – pflegt die bewährte Marke zuvor auf das Wohl des Dichters bis zur Mitte zu leeren. Jerome tat, was er immer tut. Er brachte das Beweisstück in das sechs Blocks entfernte Poe-Hausmuseum in der North-Amity-Straße Nr. 203. Er versah die Flasche mit einem Etikett, notierte das Jahr und ging zu Bett.

DELAWARE

Auf dem Boardwalk

Die Flucht aus Washington endet an der Atlantikküste. Rehoboth heißt das Nest. Es besteht aus Motels, Privatpensionen und einem hölzernen Laufsteg am Strand. Die Hauptstädter haben – mit Glück und ohne Stau – drei Stunden Autofahrt hinter sich. Sie haben sich durch die feuchte Hitze der weniger feinen Washingtoner Vororte gequält. Sie haben Annapolis, die schmucke Kapitale des Staates Maryland mitsamt ihrem englischen Mittelalter und der unübertrefflichen Erdnußbutter-Eiscreme rechts liegengelassen. Sie haben die Chesapeake-Bay-Brücke, das Nadelöhr vor der Erfüllung ihrer Wochenendsehnsüchte, passiert und dafür einen Dollar und fünfundzwanzig Cents bezahlt. Sie dachten auf den Pfeilern hoch über der Bucht an die Austern, Krebse und Lobster drunten. Nun atmen sie auf. Es ist Freitagnachmittag. Die Grenze von Delaware ist erreicht.

Die Bilder am Straßenrand erscheinen vertraut und unwirklich zugleich. Die Wirklichkeit kämpft mit den Bühnenbildern aus amerikanischen Fernsehserien. Doch die Herrenhäuser mit Säule, Veranda und Schaukelstuhl sind echt. Die Vorgärten, Zufahrten und weißgestrichenen Weidezäune lassen sich nicht wegblinzeln. Sie tauchen in Abständen zwischen Maisfeldern und grünen Wiesen auf. Dann rücken sie zusammen und bilden kleine Städte um ein Gotteshaus, eine Bank und einen Drugstore, mit gelegentlichen schäbigen, schwarzen Vierteln. Auch die Schilder vor der Haustür – „Ralph, willkommen daheim“ oder „Mom, alles Liebe zum Geburtstag“ – sind keine Sinnestäuschung. Kaum ein Amerikaner, der nicht im ersten Stock sein privates Sternenbanner aufgezogen hat. Sie haben ein sehr gefühlvolles Verhältnis zu ihrer Nationalfahne und mögen es gar nicht leiden, wenn diese zu Hause – oder in Europa – despektierlich behandelt wird.

Die Feuerwehrautos sind frisch gewaschen. Ihre polierten Bronzeglocken schimmern in der Sonne. Bauern verkaufen am Straßenrand Eier, Melonen und lebensgroße Plastikhühner an Stadtkinder. Ein Autohändler preist den „längsten Wohnwagen der Welt“ an. Er mißt dreißig Meter und erlaubt einen raschen Familienumzug von Delaware nach Neu-Mexiko, sollte der Vater hier seinen Job verlieren und dort einen bekommen. Amerika ist beweglich. Der Kirschholzsekretär aus dem 17. Jahrhundert reist mit oder bleibt in einem der zahllosen Antiquitätengeschäfte zurück, die den Bogen von Chippendale über Bürgerkrieg und Depression bis in die Eisenhower-Jahre schlagen.

Delaware ist so etwas wie ein Kuriosum aus der Kolonialzeit. Die erste der dreizehn Gründerkolonien, die sich „Staat“ nannte und – wie jedes Nummernschild an den Autos ausweist – als erste am 7. Dezember 1787 die Verfassung ratifizierte, ist nur ein handtuchbreiter Landstreifen am Atlantik. Ihren Namen verdankt sie einem Mann, der nie seinen Fuß hierhersetzte. Ein vorbeifahrender Kapitän taufte im Jahr 1610 den Fluß, der aus dem Indianerland kam und in das Meer einmündete, nach dem Gouverneur von Virginia, Sir Thomas West, Lord de la Warre.

Die ersten Siedler waren Holländer. Später hieß die Gegend „Neu-Schweden“. Irgendwann kamen dann die Du Ponts. Ihr Name ist bis dato von dem kleinen Staat, der zwei Senatoren und drei Stimmen im amerikanischen Kongreß hat, nicht mehr zu trennen. Auf der einen Seite gab es Delaware als amerikanischen Hinterhof an der Ostküste, wo außer Viehfutter nicht viel Interessantes zu holen war und nicht einmal Tabak wuchs. Auf der anderen Seite errichtete der Dynamitclan, der den Rockefellers und Fords durchaus vergleichbar ist, hier sein Industrieimperium. Die Du Ponts erwiesen sich als großzügig und geldgierig, als fortschrittsgläubig, aufgeschlossen und rücksichtslos. Sie brachten Wohlstand in den Staat und Wechselbäder in die Lokalpolitik. Sie bezahlten aus eigener Tasche für die erste asphaltierte

Landstraße und spendeten Millionen für die Universität, deren Chemiezweig sich mit nützlichen Forschungen revanchieren konnte. Die Verflechtung der Firma Du Pont mit Delaware ist unterdessen zwar ein weniger undurchdringliches Dickicht geworden, der Name dieses alten amerikanischen Geldadels zählt jedoch immer noch mehr als alles andere in dieser Region.

Die Gästehäuser und Strandhotels sind längst ausgebucht. Wie kann einer nur im August in der „Sommerhauptstadt" Rehoboth unangemeldet ankommen? Das Motel, das (Staatssteuer inbegriffen) hundert Dollar für eine Nacht verlangt und sich – jedenfalls nach dem Gesicht des Mannes an der Rezeption – für preiswert hält, ist ein bißchen abgelegen in der Wildnis und sieht auch sonst nach „Psycho" aus. Hier ist der Spaß freilich nicht, von dem die Amerikaner glauben, daß er zu einem perfekten Wochenende gehöre. Spaß gibt es in Rehoboth auf dem Boardwalk. Wer immer dort flaniert, hat mindestens eine Blechbüchse in der Hand. Biertrinken ist am hellichten Tag offensichtlich nicht gestattet, daher muß es sich um Cola handeln. Die Freundinnen, Kinder, Frauen und Großmütter ergänzen den ambulanten Speisezettel und tragen mit Grazie Hotdogs, Popcorn und Zuckerwatte.

Ein junger Schwarzer braucht seine gesamte Kraft und beide Hände, um sein Kofferradio durch das Getöse zu schieben. Mit halbem Ohr hört er Musik, Reklame und den Wochenendkommentar eines Senators zum Thema Klimaanlagen. Der Senator sagt: „Gelobt sei der Mann, der die Klimaanlage erfunden hat. Ohne sie hätte Amerika nur Sommer ohne Produktivität. Wie kam der Erfinder auf seine geniale Idee? Er betrachtete mit ganz neuen Augen ein beschlagenes Bierglas, sah die Tropfen rollen und es zündete."

Der Samstagmorgen ist Fernsehzeit für Kinder. Harmlose, komische und grausame Zeichentrickfilme halten sie zwischen Frühstück und Mittagessen ruhig. Das ist so Tradition – zu Hause wie am Meer. Familienangelegenheit ist dann der Nachmittagsspaziergang auf dem Boardwalk. Zwischen der Pizzabäckerei und dem Rippenspeergrill dreht sich ein Karussell. Über flackernden Flippern beißen Teenager auf ihre Zahnspangen. „Breakdance" ist verboten. Ein Polizist auf der Promenade winkt vorsorglich mit dem Holzstock, als er in einer Gruppe Jugendlicher lockere Bewegungen erspäht, aus denen plötzlich eine Michael-Jackson-Imitation werden könnte. Vom Meer her weht eine Brise über den Steg. Sie riecht nach gebratenem Hackfleisch, nach Pommes frites, Sonnenöl und Seife.

Zwei Halbwüchsige spucken aus dem achten Stock eines Apartmenthauses auf den Boardwalk. Sie vergewissern sich noch kurz, ob der „Anschlag“ geglückt ist, und verschwinden dann kichernd im Wohnzimmer, wo gerade zur „blauen Stunde“ Cocktails gereicht werden. Aus den Bars dröhnt mehr Bluegrass-Musik als Discoklänge. Die Strandkapelle spielt den jedermann besänftigenden George Gershwin. Eine Schulklasse wartet im Sand, bis die Jagd auf Leuchtkäfer beginnen kann. Bei Einbruch der Dunkelheit schwärmt schließlich eine seltsame Strandläufergruppe aus. Mit schwingenden Bewegungen lassen sie Metalldetektoren über die Mulden gleiten, in denen tagsüber die „Flüchtlinge“ aus Washington ihr Sonnenbad genommen haben. Sie suchen Münzen, Uhren, verlorenen Schmuck. Die Detektoren sind nicht billig. Etwa 200 Mark Investition gehen der Suche nach dem Diamantring im Sand voraus. Die Hitze ist gewichen und im Halbdunkel ziehen die Strandgutsammler ihre Kreise. Vom Boardwalk sieht es so aus, als wollten sie den Küstenstreifen fegen.

VIRGINIA

Patriotische Wallfahrt zu George

Was für die Russen das Lenin-Mausoleum auf dem Roten Platz, das ist für die Amerikaner Mount Vernon. George Washingtons Heimat zieht im Zeitalter des „neuen Patriotismus“ mehr Besucher an als jemals zuvor. Die Menschenschlange reicht weit durch die Parkanlagen zurück, und sie endet im Speisesalon, wo Washingtons Ernennung zum ersten Präsidenten der Vereinigten Staaten verkündet wurde und wo der General nach seinem Tod drei Tage lang aufgebahrt lag. Die Atmosphäre ist zwanglos. Kein Milizionär fordert die Besucher auf, Haltung anzunehmen. Vor dem schmiedeeisernen Eingangstor verschwinden rasch noch das Softeis und die Pommes frites in den Kinderbäuchen. Nur essen ist drinnen verboten; eingelassen wird jeder, der Hose, Hemd und Schuhe anhat. Das ist Vorschrift.

Eine halbe Autostunde von der Hauptstadt entfernt, liegt Mount Vernon unberührt vom Parteienstreit in Virginias grüner Abgeschiedenheit. Das zweistöckige weiße Herrenhaus ist ebenso frisch getüncht wie die benachbarte Küchenklause, wo schwarze Sklaven süßen Maisbrei und selbst gezogenes Gemüse zubereiteten. Von der Veranda reicht der Blick weit über die Wiesen zu den abfallenden Ufern des Potomac, wo Segler und Windsurfer einen makellosen Altweibersommer genießen. Hier saß der sechs Fuß große und für die damalige Zeit also unübersehbare Washington im Schaukelstuhl, studierte Bücher über die Landwirtschaft und schrieb den Satz ins Tagebuch: „Ich kann wahrhaftig sagen, daß ich lieber mit einem Freund oder zweien hier draußen bin, als am Sitz der Regierung von Staatsbeamten und den Repräsentanten jeder Macht in Europa aufgesucht zu werden.“

Washington gefiel es hier so gut, daß er schon auf eine erste Amtszeit und erst recht auf eine Wiederwahl verzichtet hätte. Aber der Held der amerikanischen Revolution, der schon mit dem Ruhestand liebäugelte, als die Gründerväter in Philadelphia noch an der Verfassung arbeiteten, war unentbehrlich. Der General gab nach und erhielt am 4. Februar 1789 sämtliche Stimmen in einer Wahl, die nach modernen Maßstäben nicht unbedingt ein demokratisches Exempel war. Paul Boller, Geschichtsprofessor der Texas Christian University, schreibt dazu: „Die erste Präsidentenwahl in der amerikanischen Geschichte war gänzlich undemokratisch. Es gab keine Vorwahlen, keine Nominierungskongresse, keine rivalisierenden Kandidaten und keine Wahlreden oder Debatten über öffentliche Angelegenheiten. Das amerikanische Volk kam nicht einmal dazu, selbst seinen Regierungschef zu wählen. Dennoch war die Wahl George Washingtons zum ersten Präsidenten der Vereinigten Staaten vollkommener Ausdruck des Gemeinwillens. Rousseau selbst hätte kein überwältigenderes Beispiel für die lebendige volonté générale verlangen können. Es sollte nie wieder so sein."

Daß der populäre, damals 56 Jahre alte Washington gewissermaßen der natürliche Kandidat für diesen Posten war, stand außer Frage. Die Verfassungsväter hingegen, die den Wählern und ihrer Vernunft nur mit Maßen trauten, dachten schon an die Nachfolge. Damit diese Frage immer weise entschieden werde, ersannen sie ein kompliziertes System, das jedem Staat der Union eine gewisse Anzahl von Wahlmännerstimmen gab. Zusammen sollte diese Ratsversammlung dann zwei von beliebig vielen Kandidaten auswählen. Wer die meisten Stimmen erhielt, sollte Präsident sein und der zweite Sieger Vizepräsident. So wurde es beschlossen. Doch sobald Washington nach seiner zweiten Amtszeit endgültig mit Appellen an die Einigkeit in der Politik nach Mount Vernon heimkehrte, begann der Parteienstreit. Die „Federalists" und die „Republikaner" sorgten rasch dafür, daß ein Ein-Parteien-System in Amerika keine Chance hatte. Aber wie es die Verfassung vorschrieb, mußten Gegenkandidaten, auch wenn sie Intimfeinde waren, noch lange miteinander auskommen, nämlich als Präsident und als Vizepräsident.

Washington erlebte nur noch die ersten beiden Jahre der Amtszeit seines Nachfolgers. Doch er bekam schon einen Vorgeschmack davon, was einmal ein richtiger amerikanischer Wahlkampf werden sollte. Der Federalist John Adams, bis dahin Washingtons Vizepräsident, war der „Kronprinz“ mit Sympathien für die Briten. Rivale und Republikaner Thomas Jefferson war für Frankreich, wegen der Revolution und trotz der Guillotine. Die Wahlkampagne wurde überaus giftig. Die Parteigänger Jeffersons hießen den Gegner einen knieweichen Monarchisten. Adams' Anhänger beschimpften Jefferson als Marktschreier, Anarchisten und Atheisten. Das Thema Religion ist seitdem aus dem amerikanischen Wahlkampf nicht mehr verschwunden. Die erste Auseinandersetzung endete mit einem knappen Sieg für Adams. Jefferson wurde Vizepräsident, und beide fanden die Zusammenarbeit erträglich, weil sie selbst am Wahlkampf gar nicht teilgenommen hatten, sondern den Disput ihren Gefolgsleuten überließen.

Nach George Washington brachte vor allem das 19. Jahrhundert sprachgewaltige Dispute und jede Menge an übler Nachrede. Professor Boller, der sämtliche Wahlkämpfe untersucht hat, berichtet, daß „Taschendieb“, „Lüstling“, „Gorilla“, „Syphilitiker“ keineswegs ungewöhnliche Etiketten für Kandidaten waren. Heutzutage ist es schwer vorstellbar, daß sich die Hauptpersonen in einem Fernsehduell gegenseitig bezichtigen, ein „furunkliger alter Trunkenbold“ oder ein „heulender Gottloser“ zu sein. Wenn Walter Mondale zum Beispiel etwas ganz Unerhörtes über Reagan sagen wollte, dann nannte er ihn den „isoliertesten Präsidenten in der Geschichte des Landes“. Zurückhaltung und Mäßigung haben durchaus etwas mit dem gewandelten Geschmack des Volks und vielleicht auch mit der hohen Erfolgsquote bei teuren Beleidigungsprozessen zu tun. Die amerikanischen Wähler schätzen zwar lebhafte Auftritte ihrer Kandidaten, aber nicht das „Holzen“ mit Worten. Dies scheint ganz im Sinn von George Washington zu sein, der die Bürger in seiner Abschiedsansprache vor „extremer Parteilichkeit und extremer Abneigung voreinander“ zu warnen versuchte.

Jefferson und die Liebe von Monticello

Vorfrühling in Virginia. Die Kämme der Blue Ridge Mountains verlieren sich im Dunst. An den Nordhängen tropfen gefrorene Wasserfälle. Im Shenandoah-Tal schmelzen die Schneereste. Für Thomas Jefferson war dies nur ein Teil des Panoramas von Monticello. Alle Fenster des Herrenhauses auf dem Gipfel des „kleinen Hügels" boten Amerikas drittem Präsidenten erlesene Fernsichten. Grüngraues, rollendes Hügelland, rote Erde und Plantagen. „Mein Meerblick" nannte er es, wenn auch die Küste Virginias, das vom Atlantik bis zu den Apalachen reicht, nicht erkennbar ist.

Halb Tempel, halb Palast, thront Monticello zwischen Rasen, Blumen und Gemüsegärten und ist ganz Geschöpf des Architekten Thomas Jefferson. Seine Heimat ist ein moderner Wallfahrtsort für Amerikaner auf den Spuren ihrer Geschichte. Von Charlottesville pendeln Busse über den Highway, vorbei an schimmernden und rostigen Silos, besser und schlechter geflickten Weidezäunen, Korn- und Tabakfeldern und klapprigen Lastautos. Die Bauern machen schwere Zeiten durch, und man sieht es. Sie warten auf staatliche Bürgschaften, damit die Banken Kredite für die Frühjahrsaussaat geben. Jefferson, das Multitalent als Staatsmann, Diplomat und Philosoph, war ein passionierter, phantasiereicher, aber, was den finanziellen Erfolg anging, lausiger Bauer. Sein Leben lang wartete er vergeblich auf die Rekordernte, die ihn aus den roten Zahlen bringen sollte. Zuletzt mußten seine Landsleute sogar spenden, damit der Greis auf Monticello bleiben konnte.

„Aufbauen und abreißen" war eine von Jeffersons Lieblingsbeschäftigungen. Ein Brand, der das erste Haus auf Monticello zerstört hat, war demnach vielleicht sogar eine willkommene Abwechslung für den Politiker, der sich, wann immer möglich, an das Reißbrett und zu den Büchern in seinem Refugium im Albemarle County zurückzog. In Monticello steckt die Arbeit von Jahrzehnten. Mit seinen Oberlichtern, den sechseckigen Schlafzimmern, den automatischen

Türen, Speiseaufzügen und den im Kamin eingebauten Weinwärmern, ist es gewiß eines der ungewöhnlichsten historischen Gebäude der Vereinigten Staaten und ein akkurater Spiegel der Persönlichkeit des Hausherrn.

Jefferson verbrachte seine glücklichsten Jahre in Monticello. Der sechs Fuß große, rothaarige und sommersprossige Junge mit der Himmelfahrtsnase zog nach der Hochzeit mit Martha Skelton hier ein, und hier wuchsen seine Töchter auf. Die öffentlichen Ämter und Missionen waren wie Unterbrechungen beim Studium und der Naturkunde auf dem „kleinen Berg". Jefferson war kein Feuerkopf, wie sein Freund unter den Revolutionären Patrick Henry, den er kennengelernt hatte, als er noch in Williamsburg auf das College of William and Mary ging, um Jura zu studieren. Er war auch kein Soldat und Kämpfer, wie George Washington, dem er als Außenminister diente. Er war ein disziplinierter, friedfertiger Geist und schon auf seinem ersten Posten als Gouverneur der ehemaligen Kolonie Virginia vor allem von der Macht des Wortes überzeugt. Er verfaßte die Unabhängigkeitserklärung und sah zu seiner Genugtuung, daß die anderen nur wenige Formulierungen änderten. Doch bevor der Unabhängigkeitskrieg gewonnen war, mußte sogar er einmal durch die Hintertür von Monticello flüchten. Die englischen Rotröcke stürmten schon hügelan, als er zu Pferd mit knapper Not entkam.

Unter Jeffersons Ämtern und schlechten Verwaltern litt Monticellos Wirtschaft. Die Weizen- und Tabakernten waren nur mäßig während der Jahre, die Jefferson als Gesandter am Hof Ludwigs XVI. bis zum Sturm auf die Bastille in Paris oder als Reisender in Deutschland verbrachte. Sie blieben mäßig, als er die Wahl gegen John Adams verlor und daher – wie es damals die Verfassung vorschrieb – als der Kandidat mit der zweithöchsten Stimmenzahl Vizepräsident wurde. Sie fielen fast völlig aus, als er Nachfolger von Adams und schließlich als Präsident für eine zweite Amtszeit wiedergewählt wurde. Der Mann, der den Dollar erfand und das Territorium der Vereinigten Staaten verdoppelte, indem er Napoleon für fünfzehn Millionen Louisiana abkaufte, lehnte eine dritte Amtszeit ab und kehrte 1809 zu seinen Plantagen zurück.

Er pflanzte Feigen, Orangen und allerlei Dinge, die bis dahin in Virginia nicht gewachsen waren. Er schrieb botanische Standardwerke, überstand Fluten und Trockenzeiten und verkaufte schließlich, um eine Notlage zu überwinden, seine Bücher nach Washington. Dort sollte die Sammlung des in sechs Sprachen bewanderten Jefferson bald den Grundstock der Library of Congress bilden.

Monticello und die umliegenden Ländereien hatte er als Vierzehnjähriger nach dem Tod seines Vaters geerbt. Das Anwesen war autark und wurde von fünfundsiebzig Sklaven bearbeitet. Eine von ihnen war Sally Hemings. Die schöne Mulattin, illegitime Halbschwester seiner Frau, bürstete seine Röcke und schuf sogar Ordnung in Monticellos „sanctum sanctorum", Jeffersons Arbeitszimmer. Vielleicht war sie seine dauerhafteste Liebe.

Für die meisten amerikanischen Historiker sind Sally und die „gelben Kinder" von Monticello ein Thema, dem sie sich widerstrebend nähern. Das Verhältnis zwischen einem der größten Präsidenten des Landes und einer Schwarzen rührt an ein nationales Dilemma. Jefferson selbst hat einmal in einem Brief die Liaison bestritten und ansonsten geschwiegen. Seine Verwandten haben später die Vaterschaft von Sallys Kindern einem Neffen des Präsidenten nachgesagt. Ihnen widersprach in seinen Erinnerungen Madison Hemings, Sallys drittes Kind und möglicherweise Jeffersons Sohn. Vor allem schwarze Geschichtsforscher haben sich darauf gestützt und bemüht, Näheres in Erfahrung zu bringen. Schließlich hat eine Frau, Fawn Brodie, vor wenigen Jahren Jeffersons „Doppelleben" in einer aufsehenerregenden Biographie zusammengefaßt.

Jeffersons Frau Martha war früh gestorben. Sie hatte ihrem Mann anscheinend das Versprechen abgenommen, den Töchtern keine Stiefmutter zu geben. Das Versprechen sollte Jefferson halten, von dem 6. September 1782 an, als er in sein Tagebuch schrieb: „Meine liebe Frau starb heute um 11.45 Uhr früh." Er heiratete nicht mehr, hatte jedoch seine Liebschaften, darunter mit der Frau eines Freundes und Nachbarn, dessen Forderungen zum Duell er sich nur mit Mühe entziehen konnte. Als Jefferson nach Paris aufbrach, um sein Amt als Minister anzutreten, begleiteten ihn seine Tochter Martha und als deren Zofe die ungefähr gleichaltrige Sally Hemings.

Sie blieben knapp zwei Jahre, und Madison Hemings schreibt: „Während dieser Zeit wurde meine Mutter Mr. Jeffersons Konkubine, und als er zurückgerufen wurde, war sie von ihm schwanger. Er wollte meine Mutter zurück nach Virginia bringen, aber sie wehrte sich. Sie hatte gerade begonnen, die französische Sprache gut zu verstehen, und in Frankreich war sie frei. Würde sie aber nach Virginia zurückkehren, wäre sie wieder eine Sklavin. Sie weigerte sich, mit ihm zurückzureisen. Um sie dazu zu bringen, versprach er ihr außerordentliche Vorrechte und gab ihr die feierliche Zusage, daß ihre Kinder im Alter von 21 Jahren freigelassen würden. Nach diesen Versprechungen, auf die sie sich stillschweigend verließ, kehrte sie mit ihm nach Virginia zurück. Bald nach ihrer Ankunft brachte sie ein Kind zur Welt, dessen Vater Thomas Jefferson war. Sie gebar noch vier weitere, und Jefferson war der Vater von allen. Sie hießen Beverly, Harriet, Madison (ich selbst) und Eston – drei Söhne und eine Tochter."

In Jeffersons zweitem Präsidentschaftswahlkampf spielte „Dusky Sally" eine berüchtigte Rolle. Die „Federalists", die den Republikaner ohnehin als Gottlosen, Bibelfeind und sittenloses Ungeheuer darstellten, verfaßten Spottverse über die „verbotene Frau" auf Monticello. Dabei wurden in den Südstaaten derlei Seitensprünge toleriert, jedenfalls solange sie nicht bekannt oder wenigstens hinreichend diskret gehandhabt wurden. Es war Talleyrand, der französische Amerikaflüchtling, der diese Regeln verletzte, als er sich in Philadelphia an der Seite einer attraktiven Farbigen auf der Straße zeigte und danach gesellschaftlich in Acht und Bann geriet.

Jefferson gewann die Wahl mit Leichtigkeit. Sally Hemings' „gelbe Kinder" – so genannt, weil sie, wie Madison notierte, zur Not „als Weiße durchgingen" – wurden freigelassen, soweit sie das 21. Lebensjahr erreichten. Sally hingegen erhielt weder zu Jeffersons Lebzeiten ihre Freiheit, noch war die Freilassung in seinem Testament verfügt. Lag dies daran, daß freigelassene Schwarze den Sklavenstaat Virginia verlassen und nach Norden ziehen mußten? Wollte er sie in seiner Nähe behalten? Erst zwei Jahre nach Jeffersons Tod gab ihr seine Tochter die Freiheit. Bis dahin stand Sally auf der offiziellen Sklavenliste. Ihr Wert war dort mit fünfzig Dollar angegeben.

Der Staatsmann Jefferson konnte die Sklaverei in Amerika nicht beenden. Er konnte aber durchsetzen, daß Schiffe mit „Nachschub" aus Afrika nicht mehr in Virginias Häfen anlegen durften. Was die eigenen Sklaven auf Monticello anging, so wurden sie behandelt, als gehörten sie zur Familie. Der Eigentümer war jedoch gleichwohl, wie die Chronisten berichten, sehr besitzbewußt. Gelegentlich mußte er Mitglieder seiner schwarzen Erbschaft verkaufen, um Schulden zu bezahlen.

Der alte Jefferson fürchtete nicht mehr die üblen Nachreden, sondern allein die Vergreisung. Dabei war er trotz einiger physischer Gebrechen bemerkenswert frisch. Noch mit 82 Jahren hielt er sich im Sattel und pflegte tägliche Ausritte zu Pferd. Er beobachtete aber bei Altersgenossen Verkalkung und Gedächtnisschwund und fand, das „Leben eines Kohlkopfs" sei nicht viel wert. Trotz chronischen Geldmangels führte er Monticello als gastfreies Haus, das bisweilen mit seinen fünfzig Betten einem Hotel ähnelte. Studenten der Universität von Virginia in Charlottesville, die Jefferson entworfen und gegründet hatte, kamen zu Diskussionen und französischen Abendessen. Die Nachfolger James Madison und James Monroe suchten politischen Rat. Die Vormittage verbrachte Jefferson zumeist mit Briefeschreiben an seinen Vorgänger. Das Zerwürfnis und das feindselige Schweigen zwischen ihm und John Adams hatte elf Jahre gedauert. Danach reute es beide, und die Freundschaft lebte wieder auf.

Ein anderer alter Freund aus den Anfängen der amerikanischen Revolution kam nach fast vier Jahrzehnten eines Tages überraschend wieder nach Monticello und blieb sechs Wochen: Marquis de Lafayette. Der französische Aristokrat, mit 19 Jahren schon General, hatte Washingtons Truppen bei Yorktown geholfen, die Engländer zu schlagen und später in Paris – noch vor der Französischen Revolution – von Jefferson Formulierungshilfe bei dem Versuch erhalten, eine Erklärung über die Menschenrechte zu verfassen. Die beiden alten Männer, die sich seit dem Fall der Bastille nicht mehr gesehen hatten, fielen sich in die Arme, und Jefferson führte den Besucher durch das seltsame Haus mit der Kuppel eines Doms, das als „Mekka der Demokratie" galt. Man war sozusagen en famille zwischen den Büsten von Voltaire und Turgot und den Porträts von Napoleon, Zar Alexander I. und Sir Walter Raleigh. Über dem Kamin hängt noch immer das Gemälde von dem abgeschlagenen Kopf Johannes des Täufers.

Thomas Jefferson und John Adams boten in einem denkwürdigen Wettbewerb ihre letzten Kräfte auf, um den Tod bis zu dem Tag hinauszuzögern, den beide noch bei Bewußtsein erleben wollten: die fünfzigste Wiederkehr der Unterzeichnung der Unabhängigkeitserklärung. Jefferson, 83 Jahre alt, starb in Monticello als erster am 4. Juli 1826 um die Mittagszeit. Wenige Stunden später starb der 91 Jahre alte zweite Präsident der Vereinigten Staaten mit den Worten „Und Jefferson ist noch immer am Leben". Doch von den Männern, deren Unterschrift unter der Unabhängigkeitserklärung steht, war als einziger nur noch Charles Carroll übrig.

Ein paar Schritte vom Haus entfernt, auf dem kleinen Familienfriedhof der Jeffersons, der bis heute ihr Privatbesitz ist, wurde der Hausherr beerdigt. Er hatte einen Obelisken als Grabstein noch selbst entworfen und auch den Grabspruch festgeschrieben, der die drei Leistungen nannte, derentwegen der in Erinnerung bleiben wollte: „Hier wurde Thomas Jefferson bestattet, Verfasser der amerikanischen Unabhängigkeitserklärung, des Statuts über Religionsfreiheit von Virginia und Vater der Universität von Virginia."

Monticello wurde nach Jeffersons Tod verkauft. Der Plantagenbesitzer hatte hunderttausend Dollar Schulden hinterlassen. Der Besitz und das Haus verkamen, bis entschlossene Virginierinnen zum 150. Jahrestag der Unabhängigkeitserklärung beschlossen, Monticello zu renovieren. Nun ist das meiste wieder, wie es war. Frühlingsblumen stecken die Köpfe aus den Beeten von Monticello. Kleinbusse pendeln zwischen Wohnhaus, Pavillons und Grabmal. Nur von dem ehemaligen Sklavenfriedhof, wo Edy, das erste von Sally Hemings' Kinder bestattet wurde, fehlt jede Spur.

Historische Puppenstube Williamsburg

Im Sommer 1984 zog Cheryl seltsam anmutende Kleider an, setzte sich ein Spitzenhäubchen auf und beschloß, fortan hauptberuflich im 18. Jahrhundert zu leben. Die junge Amerikanerin arbeitet seitdem im stilecht nachgebauten Haus der Putzmacherin auf der Duke of Gloucester Street. Sie gehört zum lebenden Inventar in Virginias alter Hauptstadt Williamsburg und wird ausgiebig bestaunt und fotografiert. Wenn sie abends ausgeht, schlüpft sie in Blue jeans, denn ihr Vertrag verlangt nur während der Dienststunden koloniale Tracht. Tagsüber tut sie aber als Angestellte der Williamsburg-Stiftung das Ihre, um Besuchern aus den Vereinigten Staaten die Anfänge ihrer Geschichte „live“ plausibel zu machen. Halb Rothenburg und halb Disneyland, ist Amerikas historische Puppenstube ein stolzer und ernstgemeinter Versuch, zu unterhalten.

Williamsburg liegt nur wenige Kilometer landeinwärts von Jamestown, wo im Mai des Jahres 1607 alles begann. Dort, am Ufer der Chesapeake Bay, machten damals drei englische Schiffe fest. Die „Discovery“, „Godspeed“ und „Susan Constant“ kamen aus London und hatten den Weg über die Kanarischen Inseln und Westindien genommen. 143 Mann hielten unter Führung von Kapitän Christopher Newport Ausschau nach geeignetem Siedlungsland in der Neuen Welt. Ihr erstes Fort bauten sie auf der Halbinsel an der Mündung eines Flusses, den sie nach ihrem König James benannten. Sie hatten einen gefährlichen und ungesunden Ort gewählt. Er war niedrig gelegen und feucht. Jeder Schritt in die Wildnis konnte Kampf mit den Indianern oder Krankheit oder beides bedeuten. Als die Engländer, die schließlich Virginier werden sollten, einen weniger fiebrigen Platz für die Hauptstadt der ersten Kolonie suchten, zogen sie sich von der Wasserlinie zurück nach Williamsburg.

Hundert Jahre lang, bis zur amerikanischen Revolution, war Williamsburg Virginias geistiges, politisches und wirtschaftliches Zentrum. Dann wurde Richmond neue Hauptstadt, die kleine Stadt verkam und geriet in Vergessenheit. Es sollte bis in die dreißiger Jahre dieses Jahrhunderts dauern, bis es Pastor Goodwin von der Bruton Parish Church gelang, John Rockefeller jr. für den Plan einer Generalrestaurierung zu gewinnen. Der Vorsteher von Williamsburgs ältester Kirche, in der seit 1715 ohne Unterbrechung Gottesdienste gefeiert werden, hatte die Idee. Rockefeller hatte das Geld und den Willen, um „die Schönheit und den Charme dieser Stadt und ihre geschichtliche Bedeutung zu bewahren". Colonial Williamsburg wurde als zweites Original aufgebaut, es erhält sich als Stiftung unterdessen selbst am Leben.

Würde George Washington – oder einer der Tabakpflanzer, Soldaten oder schwarzen Sklaven – seine Heimat besuchen, er fände sie nahezu unverändert vor. Die Duke of Gloucester Street, eine Meile lang, verbindet wieder das Kapitol mit dem College of William und Mary. Hier hatte Jefferson als Siebzehnjähriger Philosophie studiert und die Kunst der freien Rede auf lateinisch gelernt. Der Tag begann mit dem Morgengebet in der Schulkapelle und endete Punkt neun Uhr abends, wenn die Studentenschaft gezählt, gesegnet und ins Bett geschickt wurde. Zwischen dem ersten Kapitol, das in nachrömischer Zeit so genannt wurde, und der, nach Harvard, zweitältesten Hochschule Amerikas verkehren Pferdekutschen, die von jungen Männern mit Dreispitz gelenkt werden. Der Laufbursche des Küfers rollt an sechs Tagen seinen hölzernen Karren über das Kopfsteinpflaster und geht am siebten im Sonntagsstaat müßig.

Das Ergebnis des Zusammenwirkens von Historikern, Archäologen, Architekten und Restauratoren sind makellose Vorgärten, frische flämisch-englische Fassaden und von den örtlichen Handwerkern gefertigte und instand gehaltene Interieurs. Williamsburger aus dem alten Teil, welche die Erlaubnis zur Restauration ihrer Häuser gaben und darin bleiben wollten, erhielten Wohnrecht auf Lebenszeit, mit Fernsehen und fließendem Wasser. Der Sattler und die Büchsen- und Perückenmacher haben alle Hände voll zu tun, um die Einwohnerschaft dieses Freilichtmuseums für Feste, Paraden und den Alltag gut gerüstet zu halten. Die paradierenden Rotröcke beherrschen Trommeln und Pfeifen nicht schlechter als jede deutsche Bürgerwache. Hinter dem Bäckerladen, der Mühle und der Druckerei, in der die Virginia Gazette noch von Hand geschwärzt wird, beginnen die Baumwollfelder. Der Schmied, der sagt, daß für jedes Haus rund zwanzigtausend seiner handgemachten Nägel gebraucht würden, ist aber zur allgemeinen Überraschung eine kräftige junge Frau.

Weitere Zugeständnisse an den Zeitgeist sind die elektrischen Straßenlaternen, die Feuerhydranten und die öffentlichen Toiletten. Wer in der Raleigh Tavern oder einem der anderen Gasthäuser Spezialitäten aus den Südstaaten, wie Erdnußsuppe mit Schinken, genießen möchte, macht besser am Tag davor eine telefonische Reservierung. Die Halskrausen und der Pranger vor dem Gerichtsgebäude werden für Erinnerungsbilder zweckentfremdet. Die Spezereiläden bieten importiertes englisches Gelee und deutsche „Liebfraumilch" feil nebst farbigen Souvenirs aus Plastik und Blech. Beim Herrenausstatter sind aber nach dem fehlgeschlagenen Boykott der alten Kolonialmacht, welche die Virginier durch grobe, scheuernde Hosen zur Botmäßigkeit zwingen wollte, wieder die besten Wollstoffe aus London zu haben. Ungewohnt wäre für George Washington in der Idylle der Fußgängerzone vielleicht auch die Abwesenheit streunenden Federviehs und das blitzschnelle Verschwinden von Pferdemist.

Als Washington in Williamsburg die Bekanntschaft von Thomas Jefferson und Patrick Henry machte, war das Leben in dieser Stadt weit weniger idyllisch. In der größten und am dichtesten besiedelten britischen Kolonie florierte noch der Sklavenhandel. Mittellose weiße Siedler, die erst einmal sieben Jahre lang ihre Schiffspassage abarbeiten mußten, hatten den Status von Leibeigenen. Der Schuster, der in diesem Winter vergeblich um Nachwuchs wirbt und nach eigenen Worten „jederzeit auch einen stellungslosen Akademiker anlernen" würde, hatte vor zweihundert Jahren freie Auswahl unter den Vierzehnjährigen der Nachbarschaft. Sie arbeiteten ohne Entgelt gegen Kost und Logis zwölf Stunden am Tag, ließen sich verprügeln und hielten den Mund.

Virginia bedeutete für die Neuankömmlinge aber auch greifbare Chancen nach einem miserablen Leben in Hunger, Arbeitslosigkeit und Armut in Europa. Mit dem Selbstbewußtsein wuchs der Wille zur Selbstbestimmung und Selbstverwaltung. Im alten Williamsburg entwickelte sich der Kern jenes amerikanischen Glaubens an die Rechte und Freiheiten des einzelnen zusammen mit der Bereitschaft zur Übernahme öffentlicher Ämter und Pflichten. Noch wurde die Prärogative der Krone respektiert, aber schon mit der Forderung nach Nichteinmischung in innere Angelegenheiten und Steuerprivilegien verbunden. Als die Autonomiebestrebungen auf verfassungsmäßige Weise scheiterten, entschieden die Virginier sich für Unabhängigkeit durch Revolution. Es war ein langer Weg, der mit der Magna Charta begonnen hatte und zur „Deklaration der Rechte“ im Williamsburger Kapitol am 12. Juni 1776 führte. Von George Mason verfaßt, war sie die Grundlage für die Unabhängigkeitserklärung der Vereinigten Staaten. Nach ihrer Annahme läutete zuerst in der Bruton Parish Church die Freiheitsglocke.

Im Mai 1983 versammelte Präsident Reagan die Großen Sieben in Williamsburg. Im ersten Stock des Kapitols, dessen Gesetze lange Zeit nur westlich bis zum Mississippi galten, diskutierten die Regierungschefs der wichtigsten westlichen Industriestaaten über Wirtschaftspolitik. Daneben besahen sie sich die Porträts der ersten Präsidenten dieses Landes an der Wand. Drei Virginier blickten auf sie herab: Washington, Jefferson und James Madison. Wenn einer der Sitzungsteilnehmer sich erkundigt haben sollte, warum John Adams, Washingtons Nachfolger, in dieser Galerie fehlte, so hat man ihm gewiß gelassen erwidert, daß Adams „nun einmal aus Massachusetts war“.

Das Kapitol beherbergte die Kammer der Ratsversammlung, die sich aus ernannten Aristokraten zusammensetzte, und das gewählte Abgeordnetenhaus, wo Feuerkopf Patrick Henry gegen den berüchtigten „Stempelakt“ protestierte, König und Parlament kritisierte und selbst des Hochverrats bezichtigt wurde. In Amerikas ältester repräsentativer Versammlung, auf deren Turm wieder der Union Jack weht, wurde auch zweimal jährlich Gericht gehalten. In südlicher Hitze hieß der Oberste Gerichtshof die Geschworenen bei Strafprozessen so lange ausharren, bis ein Urteil gefunden war. Die Temperatur, die schlechte Lüftung und das Gewicht der Perücken schienen den Gang der Rechtsprechung sehr zu beschleunigen. Möglicherweise hatte ein Teil der Anwesenden auch Billetts für Williamsburgs Theater, wo die Überseepremiere von Shakespeares „Kaufmann von Venedig“ gefeiert wurde, oder, besser noch, eine Abendeinladung zum Ball im Gouverneurspalast.

Die Qualität des Essens und das Renommee des Weinkellers litten in letzterem unter dem Ende der britischen Herrschaft, als Patrick Henry und später Jefferson als die ersten gewählten Gouverneure einzogen. Der Palast, im Stil eines englischen Landsitzes gebaut und mit gepflegter Grünanlage, die bis zur Hauptstraße reicht, versehen, war der augenfälligste Beweis für die Macht und das Prestige der Krone in der Landwirtschaftskolonie Virginia. Lord Dunmore war der letzte von sieben königlichen Gouverneuren. An einem Tag im Juni 1775 schlich er vor Sonnenaufgang aus seiner Residenz und flüchtete auf ein englisches Kriegsschiff im York-Fluß. Dunmore hatte durch eine unglückselige Entscheidung selbst den Funken geschlagen, der das Feuer des Aufstands entfachte. Er hieß nämlich seine Soldaten bei Nacht das Schießpulver aus dem Turm an der Duke of Gloucester Street entfernen. Sie wurden von den Patrioten, die sich ungern entwaffnen ließen, ertappt.

Palast und Pulverturm sind Schmuckstücke im wiederhergestellten Williamsburg. Vor dem einen verkauft ein Rotrock heißen Apfelmost mit Zimt. Im anderen erhalten Besucher auch nach der Entrichtung von vier Dollar erst Einlaß, wenn sie zuvor dem Türsteher mit einer Petition den Grund für ihre Aufwartung dargetan haben. Der Gouverneur ist zwar außer Haus. Sein Personal ist aber vollzählig versammelt, poliert die Handfeuerwaffen und bereitet das Dinner vor. Der Butler rückt die Servietten zurecht und schimpft die Dienstboten aus, so, wie es seine Rolle verlangt. Dann mißt er unter halbgeschlossenen Lidern seinen Gast mit kritischem Blick von der Jacke bis zum Schuhwerk und bemerkt mit näselnder Verachtung: „Hat Er wieder mit den Indianern gehandelt.“

Es war das erste Mal, daß inmitten der kostbarsten Williamsburger Memorabilien die Rede auf die Ureinwohner kam, deren spärliche Spuren in der Umgebung der alten

Hauptstadt zu suchen sind. In Jamestown, nahe der Anlegestelle von „Constant“, „Discovery“ und „Godspeed“, steht das Denkmal von Pocahontas neben einer Kirchenruine und den freigelegten Grundmauern des Forts. Die Tochter von Häuptling Powhatan hatte keine Vorurteile gegen die weißen Eindringlinge und heiratete schließlich sogar den Tabakbauern John Rolfe. Im Jahr 1612 ließ sie sich taufen und nahm den Namen Rebeccah an. Rebeccah Powhatan-Rolfe starb in England, wo sie einmal von Königin Anne empfangen worden war. Die Statue am Ufer der Chesapeake Bay ist ein kleines Symbol der Versöhnung zwischen Indianern und Briten.

NEW HAMPSHIRE

„Unsere kleine Stadt“ ist keine Erfindung

Im Theater heißt Thornton Wilders „Unsere kleine Stadt“ Grover’s Corners. In der Wirklichkeit heißt der Ort Peterborough. Als der amerikanische Schriftsteller und Dramatiker in den dreißiger Jahren Grover’s Corners erfand, siedelte er es in New Hampshire an. „Gerade über der Grenze von Massachusetts“ heißt es im Vorspruch, mit genauen Angaben der Längen- und Breitengrade. Als Vorbild hatte Wilder jedoch eine richtige Gemeinde vor Augen: Peterborough im südwestlichen Zipfel des Neuenglandstaates. Aus jener kleinen Stadt an einem Flüßchen in den Monadnock-Bergen wurde „die“ kleine Stadt auf der Bühne. Sie gab dem „Rest der Welt“ ein humanes und einprägsames Bild vom kleinstädtischen Amerika. Den Amerikanern gab sie ein treffliches Bild ihrer selbst.

Das Schauspiel, das vor fünfzig Jahren Premiere hatte, wurde zu einem Klassiker und trug Wilder den Pulitzerpreis ein. Am 22. Januar 1938 in Princeton (New Jersey) uraufgeführt, ist es nun ein halbes Jahrhundert alt. Das echte Peterborough ist dreizehn Jahre nach dem Tod des Autors immer noch unverändert ein Kleinod des „Granitstaates“. Verschneit und gemächlich, wäre es an einem sonnigen Wintertag eine wahre Herausforderung sogar für den begabtesten Kulissenmaler.

Da ist das Flüßchen, an den Rändern gefroren, die weißen Kirchtürme, die „Main Street“ und für Hungrige „Roy’s Diner“. „Nettes Städtchen, Sie wissen schon, was ich meine. Niemand sehr Bemerkenswertes ist jemals daher gekommen, soweit wir das wissen“, läßt Wilder seinen Sprecher im ersten Akt erklären. Damals, im Drama, schrieb man das Jahr 1901.

Die Frauen hatten erst ein „indirektes“ Wahlrecht, und Mr. Webb, der Redakteur der Lokalzeitung, sagte: „Wir sind untere Mittelklasse: einige mit richtigen Berufen ... zehn Prozent Arbeiter, die nicht lesen und schreiben können. Politisch sind wir zu sechsundachtzig Prozent republikanisch, sechs Prozent Demokraten, vier Prozent Sozialisten und der Rest indifferent. Konfessionell sind wir zu fünfundachtzig Prozent protestantisch, zu zwölf Prozent katholisch und der Rest ist indifferent.“

Was sich seitdem geändert hat, ist nicht unbedingt mit bloßem Auge zu sehen. Gewiß, vor dem „Drugstore“ stehen mehr Autos als Pferde. In Wilders Erinnerung hatte nur der Bankier Cartwright, dem das „große weiße Haus auf dem Hügel“ gehörte, eines der ersten Automobile. Wer aber eine Umfrage unter den Unitariern, Baptisten, Presbyterianern und Katholiken machen würde, fände sich im Urteil von Wilders – nicht immer nüchternen – Chorleiter Simon Stimson bestätigt, wonach „die Methodisten am lautesten singen“.

Der „polnische Stadtteil“ auf der anderen Seite der Eisenbahnschienen ist nicht mehr einfach ethnisch zu identifizieren. Aber in Grover's Corners wie auch in Peterborough leben eher noch mehr „Canucks“, wie die wenig schmeichelhafte Bezeichnung für die eingewanderten Frankokanadier lautet. Der Ort ist im übrigen Anziehungspunkt für Rentner mit besserem Einkommen, denen die Atmosphäre und die reine Luft gefallen.

Das Rathaus ist das schmucke Ziegelgebäude, das es immer war. Nur dient es nicht mehr zugleich auch noch als Postamt und, im Keller, als Gefängnis. Die Papiermühlen sind gewichen und haben Verlagen für Computerzeitschriften Platz gemacht. Wilders Milchmann ist verschwunden, aber der Zeitungsjunge ist geblieben. Der Lokalpatriotismus hat zugenommen, wenn man das Schild am Ortseingang „Willkommen in Peterborough – eine gute Stadt, um darin zu leben“ unbefangen deutet. Die Bevölkerungszahl hat sich auf fünftausend verdoppelt. Davon sind 1500 registrierte Republikaner, siebenhundert Demokraten und achthundert unabhängige Wähler – also in etwa die gewohnten Präferenzen.

Und was mit der Kultur sei, wird Mr. Webb auf der Bühne gefragt: „Robinson Crusoe, die Bibel und Händels ‚Largo'" ist die Antwort. Dem ist eigentlich kaum etwas hinzuzufügen, und das ist gar nicht schlecht.

Die Stadtbücherei mit griechischen Säulen unter Eiszapfen sei in diesem Zusammenhang noch erwähnt. Sie ist die erste öffentliche Bibliothek in den Vereinigten Staaten, die, wie ein Hinweisschild stolz anzeigt, „mit Steuergeldern" gebaut wurde. Das ist keineswegs selbstverständlich, weil Steuern in New Hampshire äußerst gering sind. Der Staat verzichtet hartnäckig auf die Erhebung von Einkommensteuern und hat daher nicht allzuviel für öffentliche Einrichtungen übrig. Der einzige nach außen sichtbare Tribut an das Meisterwerk des Schriftstellers Wilder ist privatwirtschaftlicher Natur. Ein Häusermakler hat seine Firma „Unsere kleine Stadt – Immobilien" getauft.

Die Träume der Bewohner des modernen Peterborough sind freilich nicht weit von jenen ihrer „Ahnen" in Grover's Corners entfernt. Die Frau des Hausarztes mag sich einmal im Leben eine Reise nach Paris wünschen. Ihr Mann mag, wie der Doktor George Gibbs im Schauspiel, erwidern, daß dies kein glänzender Gedanke sei. Nach der Rückkehr aus Paris, so ahnt er mit praktischem Verstand, wäre er womöglich mit Grover's Corners nicht mehr so zufrieden wie bisher. Deshalb wird er auch in den nächsten Sommerferien lieber wieder zu den Schlachtfeldern des amerikanischen Bürgerkriegs reisen und in Gettysburg seine Kenntnisse der Geschichte des eigenen Landes vervollkommnen.

Wilders Stück beginnt im Jahr 1901 und endet nach drei Akten im Jahr 1913 auf dem Friedhof. Damals mußte schon eine zweite Reihe Gräber für die zahlreichen Mitglieder der Familie Gibbs angelegt werden. Die Gewohnheit, daß jeder am besten selbst seinen Grabspruch aussuche, kam langsam aus der Mode. Die Bewohner von Grover's Corners begannen auch irgendwann damit, ihre Haustüren abzuschließen, obwohl noch kein einziger versuchter Einbruch bekanntgeworden war. Vergeblich sucht der Besucher in Peterborough die letzte Ruhestätte des Organisten Simon Stimson, der sich am Ende erhängte und auf seinen Marmorstein statt eines

Textes einen Satz Noten meißeln ließ. Weil keiner sie lesen konnte, bedurfte es der Hilfe der „Bostoner Zeitung“, um die Botschaft zu entschlüsseln.

Der Schelm in Wilder erwähnt in dem Drama an einer Stelle das Vorbild für Grover's Corners. Neben Jaffrey und Dublin zählt er Peterborough zu den „umliegenden Ortschaften“. Von Peterboroughs höchstem Punkt aus gesehen, ist der Rest der Beschreibung aber unverändert akkurat: „Viel Himmel, viele Wolken und oft viel Sonne, viel Mond, viele Sterne.“ An klaren Tagen reicht der Blick vom Hausberg bis in die „Weißen Berge“ zum Mt. Washington.

KANSAS

Bingo in Topeka

Der Urgroßvater des Senators kam aus der Donaumonarchie. Zu Fuß zog er vom Golf von Mexiko bis nach Chicago. Dann ließ er sich in Kansas nieder und baute vor genau hundert Jahren sein Farmhaus. Es waren unsichere Zeiten. Auf der einen Seite des Gesetzes standen mit wechselhaftem Erfolg „Wild Bill" Hickok und Wyatt Earp, auf der anderen Brüder wie die Daltons. Der Bauernhof überstand es und blieb im Familienbesitz. Durch Heirat kam über die Generationen zum tschechischen auch deutsches und irisches Blut und ein bißchen indianisches. Der Senator, der vier Monate im Jahr Gesetzgeber in Topeka und die übrigen acht Monate Bauer in Goodland ist, hat von alledem etwas abbekommen.

Das Kapitol in der Hauptstadt des Bundesstaats Kansas rühmt sich selbst als das „schönste der Vereinigten Staaten". Es ist zweifellos gleich hoch wie das im fernen Washington und damit um sechs Fuß kleiner als die Schwesterkuppel von Austin in Texas. In Topeka ist alles unter einem Dach: Senat und Repräsentantenhaus, der Gouverneur und seine Regierung und das Oberste Gericht. Hier sorgt nicht die Architektur für Gewaltenteilung wie beim Präsidenten im Weißen Haus, der nur auf Einladung des „Speakers" seinen Fuß in den Kongreß setzen darf.

Auf dem Weg in sein Büro im vierten Stock begegnet der Senator in der Rotunde Dwight Eisenhower lebensgroß aus geschliffenem Sandstein. Der General, obwohl in Texas geboren, ist im nahen Abilene begraben und wird von Kansas für sich reklamiert. Er zählt neben den legendären Sheriffs und Gesetzesbrechern zu den Berühmtheiten dieses Landes, welches nicht allein geographischer Mittelpunkt der Vereinigten

Staaten ist. Eine andere historische Größe ist Carry Nation, die streitbare Lady, die vor der Jahrhundertwende ihren privaten Kreuzzug gegen den Teufel Alkohol mit der Axt führte und in zahlreichen Saloons Kleinholz hinterließ. Am bekanntesten von allen ist jedoch eine „Unperson“: die kleine Dorothy aus dem „Wizard of Oz“.

Die Wandgemälde im zweiten Stock zeigen grellfarbige Szenen aus der Eroberung des Westens verbunden mit zeitgenössischer Idylle. Doch der Maler hatte einen schweren Stand. Seine Kritiker fanden den Gesichtsausdruck von John Brown, der im weiten Halbrund für die Abschaffung der Sklaverei kämpft, zu tragisch. Sie fanden den Pater, der die Conquistadores begleitete und beim Versuch, die Indianer zu christianisieren, zum ersten Märtyrer Nordamerikas wurde, zu salbungsvoll. Vor allem aber fanden sie den Rock der monumentalen Bauersfrau zu kurz. Zu einem beispiellosen Racheakt entschlossen, schlich sich der Maler nachts in das Kapitol, malte zwischen die Viehherden und Ölbohrtürme der „großen Ebene“ ein Rudel Stinktiere und gab dem ersten den Namen des Gouverneurs. Der Name wurde am nächsten Morgen überpinselt. Die Skunks, so erfährt der Besucher im Vorbeigehen, blieben.

Senator Richard Gannon ist 35 Jahre alt. Seine Frau Martha ist die Tochter von Kleinbauern aus dem Nachbarstaat Missouri. Sie lernten sich auf der Kansas-Universität in Lawrence kennen, als er noch Medizin studierte und sie auf der Musikakademie davon träumte, einmal irgendwo die erste Geige zu spielen. Statt Landarzt wurde er schließlich Teilzeitpolitiker, als sich eine Gelegenheit bot. Martha wurde sein Ratgeber und Wahlkampfmanager. Bei dieser Rollenverteilung blieb es bis heute.

Die Karriere des damals jüngsten „State Senators“ der Demokratischen Partei von Kansas begann vor zehn Jahren. Gannon trat in seiner Heimat im Südwesten gegen einen Kandidaten an, der als „unschlagbar“ galt: den Vizepräsidenten des Senats. Doch der Republikaner war schon etwas müde und nachlässig geworden. Martha und Richard fuhren sechs Monate lang im Wohnmobil über Land, klingelten an jeder Tür und drückten jede Hand, derer sie habhaft wurden.

Er gewann am Ende diese Persönlichkeitswahl und erbte einen Wahlkreis von der Größe Belgiens.

Seitdem gehört er zu den „nobleren“ der beiden Kammern, die ein akkurater Spiegel des Kongresses in der Hauptstadt und einem deutschen Landtag vergleichbar ist. Gannon ist einer von vierzig Senatoren. Er muß sich alle vier Jahre zur Wiederwahl stellen. Anders die „Congressmen“, jene 125 Mitglieder des Repräsentantenhauses, deren Amtszeit nur zwei Jahre dauert. Der Reporter der Lokalzeitung nennt das Oberhaus eine „ganz gute Mischung“: Bauern, Rechtsanwälte, Lehrer, Unternehmer, Bankiers und Versicherungsvertreter.

Wenn sie in der Plenardebatte aufstehen, sieht man manches Paar Cowboystiefel zu gut geschnittenen Anzügen. Gelegentlich blinken goldene Kettchen, Siegelringe und silberne Gürtelschnallen. Da sind aber auch derbe Gesichter, faltige, braungebrannte Hälse, kräftige Hände und eine einfache Sprache. Der Ton ist selbstbewußt, unaufgeregt und fast familiär. Er ist bemerkenswert giftfrei und damit Teil der politischen Kultur dieses Landes, dessen Wähler persönliche Angriffe auf den Gegner gewöhnlich nicht honorieren. Der Wunsch, daß jeder mit jedem „on speaking terms“ bleiben kann, verbietet unziemliche Hahnenkämpfe, auch wenn in der Sache hart gestritten wird. So zuletzt über die Wiedereinführung der Todesstrafe für Polizistenmörder.

Die Zentralregierung und ihr Päsident sind hier weit weg. Gewohnt, auf eigenen Füßen zu stehen, erwartet man von Washington wenig und möchte von ihm auch möglichst wenig gestört werden. Pflichtgemäß hat das „Topeka Capitol Journal“ am Aschermittwoch die Philippinen und Haiti auf der ersten Seite. Aber obwohl der Secretary of State von Kansas zu der Delegation der „Wahlbeobachter“ im Pazifik gehörte, ist der absoluten Mehrheit der Leser das Schicksal von „Baby Doc“ und Ferdinand Marcos völlig einerlei.

Die Lederstiefelzeit der Senatoren dauert gewöhnlich nur neunzig Tage im Winter. Den Rest steht ein guter Teil der Kammer dann in Gummistiefeln auf dem heimischen Hof. Das gilt auch für Richard Gannon, dessen Einkommen hauptsächlich von Rindfleisch, Mais und Zuckerrüben kommt. Sein Vater ist der „Präsident“ der Familienfarmkooperative, der Sohn Vizepräsident. Für einen Sitzungstag erhält er hundert Dollar. Das politische Jahreseinkommen ist mit etwa zehntausend Dollar – dies ist in Amerika die offizielle „Armutsgrenze“ – nur ein Grundstock. Ein guter Anwalt setzt zu, wenn er sich in den Senat wählen läßt. Für die meisten Senatoren ist jedoch die Chance, sich bekannt zu machen und Verbindungen zu knüpfen, letztlich unbezahlbar.

Viel Geld kostet ein Wahlkampf. Gannon mußte zuletzt mehr als 25000 Dollar aufbringen. Das meiste waren nicht seine Ersparnisse, sondern Spenden von „Political Action Committees“, also privaten Wählervereinigungen und Interessengruppen. So werden in den Vereinigten Staaten auch Präsidentschaftswahlkämpfe finanziert. Der Kandidat lernt früh, sich die Spender genau anzuschauen und zu entscheiden, von wem er Geld annehmen will. Martha Gannon findet, daß es sich nicht lohnt, wegen der Wintersession und den paar Zusammenkünften des Senats im Sommer ein Haus in Topeka zu unterhalten. So mietet sie jedes Jahr eines für vier Monate.

Der Senat von Kansas repräsentiert in jeder Hinsicht das „Mittlere Amerika“, also eine konservative, fleißige, bürgerliche, weiße Mittelschicht. Unterdessen ist jedoch für die schwarzen Industriearbeiter um Kansas City ein schwarzer Senator hinzugekommen und für die andere große Minderheit der „Hispanics“ ein Puertoricaner. Die Indianer, Nachfahren der Delawares und Shawnees, die entweder nach Wichita zur Arbeit fahren oder in ihren Reservaten wie auf einer Insel leben, haben keinen eigenen Vertreter im Kapitol. Dort mag aber bald ein Vietnamese einziehen, wenn der Einwanderungstrend andauert. Um die Schlachthäuser von Liberal, Dodge und Garden City haben sich schon fünfzehntausend Vietnamesen, Laoten und Kambodschaner niedergelassen. Sie nehmen niedrige Löhne in Kauf, leisten viel und pflegen ihre Gemeinschaft. Warum sollten die „boat people“ und Flüchtlinge vor den „Roten Khmer“ nicht bald einen Abgeordneten in Topeka haben?

An diesem Nachmittag leitet Senatorin Parrish die Debatte

im Plenum und fordert dazu auf, bei der Abstimmung laut und deutlich „Ay“ oder „Nay“ zu sagen. Fünf Frauen, drei Republikaner und zwei Demokraten, zählt das Hohe Haus. Das sind mehr als jemals zuvor. Die Männer, an die Anrede „Mr. Chairman“ gewohnt, stolpern mitunter, bis ihnen das korrekte „Madam Chairperson“ einfällt. Die Vorsitzende trägt es mit Nachsicht. Der örtliche Reporterkollege sagt: „Die Verhältnisse haben sich geändert. Neben dem Hauptausgang wurde vor kurzem auch eine Damentoilette eingerichtet.“

Die Sitzung war mit einem Gebet eröffnet worden. Der Sprecher gedachte Abraham Lincolns, der gerade Geburtstag hatte und dessen Statue im Garten des Kapitols neben einer bronzenen Pioniermutter der einzige Schmuck vor den Stufen des State House ist. Drinnen machen Pagen für die Senatoren Botengänge und verdienen sich ein Taschengeld. Für den freiwilligen Anschauungsunterricht an den Graswurzeln des demokratischen Systems gibt es einen Tag schulfrei. Auf der Empore drängeln sich Ausflügler und Pensionäre, die ihren Vertretern einmal auf den Mund schauen wollen. Einzelne Senatoren stellen dem Plenum Gäste aus ihrem Wahlkreis vor. Hier ist der Kontakt zum Souverän eng und direkt. Ein amerikanischer Senator, ob in Topeka oder in Washington, weiß am besten ganz genau, was man zu Hause von ihm erwartet, oder er ist nicht lange Senator.

Richard Gannon ist „Minority whip“, also der Fraktionseinpeitscher der Demokratischen Partei, die in Kansas traditionell in der Minderheit ist. Seine Aufgabe ist es, „Stimmen zu liefern“ und unter dem Etikett der „bipartisanship“ auf breite, überparteiliche Mehrheiten hinzuwirken. Die Republikaner stellen 24 Senatoren, die Demokraten nur sechzehn. Im November 1984 stimmten die zweieinhalb Millionen Einwohner zu zwei Dritteln für Präsident Reagan und vier Jahre später für George Bush. Dennoch ist Gouverneur John Carlin, der „Ministerpräsident“, ein Demokrat. Die Parteizugehörigkeit spielt nur eine untergeordnete Rolle. Parteidisziplin ist anders als in den Parlamenten der Bundesrepublik Deutschland oder Großbritanniens Nebensache. Die ideologischen, philosophischen und politischen Grenzen sind fließend. Die Demokraten gelten als „liberaler“, also linker, als die Republikaner. Doch Richard Gannons Verhalten bei Abstimmungen ist konservativer als das seines Freundes, des republikanischen Senators Ed Reilly.

Aschermittwoch. Ed und Richard gehen gemeinsam zur Messe. Pfarrer Moriarty und Edward Kennedy haben Reilly in Topeka und in Washington einmal die gleiche Frage gestellt: „Wie kann, verdammt noch mal, ein katholischer Ire nur Republikaner sein?“ „Es war wohl Zufall“, sagt Reilly beim Mittagessen. Die Kellnerin hat das Aschenkreuz auf der Stirn ihrer Gäste bemerkt und nimmt den Salat wieder mit „wegen der Speckwürfel“.

Als 34. „freier“ Staat war Kansas im Jahr 1861 der Union beigetreten. Doch die grausame Auseinandersetzung zwischen „Abolitionists“ und „Sklavenhaltern“, zwischen Unionisten und Konföderierten war damit keineswegs zu Ende. Mitten in Kansas wurde der amerikanische Bürgerkrieg schon ausgefochten, bevor er das ganze Land erfaßte. Die Besiedelung dieser Region des Westens hatte nach Thomas Jeffersons Kauf von Louisiana begonnen. Bis dahin waren nur Händler, Fallensteller und Goldsucher bis an den Missouri vorgestoßen. Nun kamen sowohl Einwanderer aus Neu-England als auch aus den Südstaaten. Die einen gründeten Lawrence und Topeka, wo die Sklavenhalterei verpönt war. Die anderen gründeten Atchison und Leavenworth, brachten ihre „Blackies“ mit und konnten nicht verstehen, warum eine jahrhundertealte Ordnung plötzlich umgestürzt werden sollte. Die Südstaatler waren und blieben Demokraten. In Kansas, wo zwei Drittel der erwachsenen Männer als Soldaten in der Unionsarmee Dienst taten, begann damals die republikanische Tradition. Der Republikaner Lincoln, der sich in Topeka einmal rasieren ließ, sagte in Kansas: „Kein Land kann halb frei und halb versklavt sein.“ So hieß dann das Motto der Partei.

Aus dem benachbarten „Sklavenstaat“ Missouri überfielen Männer die Siedlungen der „Yankees“. Lawrence mit seinen viktorianischen Holzhäusern brannte zweimal nieder. Unter den „Raiders“, welche die schlecht ausgebildete Bürgerwehr überrannten, war als krimineller Lehrling der junge Jesse

James. Hundert Jahre nachdem an einer Furt über den Kansas-Fluß die Stadt Topeka wuchs und mit der Eisenbahnlinie nach Santa Fé zu prosperieren begann, rückte diese Stadt noch einmal in den Mittelpunkt der Auseinandersetzung um die Rechte der schwarzen Amerikaner. Die Entscheidung des Obersten Gerichts im Fall des Studenten „Brown gegen die Schulverwaltung von Topeka“ öffnete 1954 die Tür zur Aufhebung der Rassentrennung an den öffentlichen Schulen in den Vereinigten Staaten. Niemand würde es mehr riskieren, Senator Anderson vom 29. Bezirk, der damals gerade eingeschult wurde, „Boy“ zu nennen. Anderson wird vielmehr respektiert und wird sich möglicherweise sogar mit seinem Vorhaben durchsetzen, im Senat von Topeka das Rauchen zu verbieten.

Für Richard Gannon beginnt ein langer Tag mit Ausschußsitzungen. Es geht um das Überleben der kleinen und mittleren Bauern, die durch sinkende Bodenpreise, steigende Kosten und fallende Weltmarktpreise für ihr Getreide zu Hunderten Konkurs anmelden müssen. Er weiß, ebenso wie seine Kollegen im „Agro Committee“, welche Fragen an die als Zeugen eingeladenen Vertreter der Banken und Sparkassen zu stellen sind, denen Güter zufallen, mit denen sie nichts anfangen können. Die weiteren Themen des Vormittags sind Gesetzentwürfe gegen Kreditkartenbetrug, die Diskriminierung von Blinden durch die Versicherungen und die Frage, ob im Staat Kansas „Bingo“ erlaubt werden soll.

Der Gouverneur erhofft sich vom legalisierten Glücksspiel ein höheres Steueraufkommen für dringend benötigte Umschuldungsprogramme. Doch Kansas wäre nicht Kansas, wenn eine Lotterie nicht die Geistlichkeit und einen guten Teil der protestantischen Bürgerschaft in Harnisch brächte. Zu den Dingen, die im Kapitol unerwartete Emotionen hervorrufen, gehört neben Todesstrafe und Lotterie auch die „Happy Hour“. Carry Nations treue Nachfolger wollen es den Barbesitzern ein für allemal verbieten, zwischen fünf und sechs Uhr nachmittags Gäste mit dem Versprechen „Zwei Drinks für den Preis von einem“ anzulocken. Pfarrer Moriarty und der irische Teil der Legislative halten dies im Zweifel für eine läßliche Sünde.

Bei Senator Gannons Imbiß mit einem Lobbyisten werden Kaffee und Eistee gereicht. Gannon möchte ein Gesetz einbringen, welches dem Staat Reisekosten für seine Bediensteten sparen soll. Der Vertreter eines Reisebüros sieht die Interessen seiner Firma berührt und bemüht sich, das Vorhaben, wenn schon nicht zu stoppen, so doch in seinem Sinn zu lenken. Er macht seine Sache gut, lobt die „hübsche Krawatte" des Senators, bietet Informationen an und argumentiert verständig. Seine Sätze beginnen gewöhnlich mit der Bemerkung „Ich als Steuerzahler möchte..." und enden mit dem Wörtchen „realistischerweise". Der Senator hört aufmerksam zu, prüft das Gewicht der Einwände für das Zustandekommen eines späteren Kompromisses im Ausschuß, legt sich aber nicht fest.

Vor dem Nachmittagsplenum wartet ein Universitätsrektor im Büro. Er sucht Unterstützung für neue Forschungsprojekte. Nach kurzen Debattenbeiträgen und hastigen Telefonanrufen zwischen einem halben Dutzend „Ays" und „Nays" will der Minister für Wirtschaftsentwicklung mit dem Senator über Zuckerrüben sprechen. Am Abend fährt Gannon auf Wunsch des Gouverneurs mit zwei Kollegen zum Rockkonzert von John Cougar Mellenkamp nach Kansas City. Der Sänger für „Farmaid" behandelt in seinen Texten dasselbe Thema, das dem Senator tagsüber in Gesetzestexten begegnet war. Ein paar Teenager fragen die Männer in den Einreihern nach einer Weile höflich, ob sie verstünden, wovon die Rede sei, und ob ihnen die Musik gefalle. Mellenkamp schüttelt ihnen hinter der Bühne die Hand, deutet auf seine Trainingshosen und sagt: „Entschuldigen Sie meinen Aufzug."

Vor zehn Jahren, als Gannon mit der Politik begann, dachte er, daß die Welt „schwarz und weiß" sei. Danach lernte er, mit Grautönen zu leben. Er bezeichnet sich als „Teamplayer", der Erfolge teilen kann und persönliche Beiträge zu einem Konsens für etwas Befriedigendes hält. Dazu gehört, „etwas zu bewegen" und nützliche Gesetze auf den Weg zu bringen. Häufig gehe das nur „frustrierend langsam" und in klebriger Auseinandersetzung mit der Bürokratie.

Noch ist er kein Berufspolitiker. Ob er diesen Schritt tun

will, muß bald entschieden werden, bevor der ehemals jüngste Kansas-Senator zu den Vierzigern gehört. Wenn Ambition mit Vermögen zusammenfällt, stünden mehrere Wege offen: ein Posten in der Regierung des Staates oder der Griff nach einem Mandat im Kongreß. Er könnte als Kandidat der Demokraten gegen den republikanischen Bundessenator Dole antreten. Das wäre alles andere als ein Spaziergang. Dole, die „spitzeste Zunge östlich der Rocky Mountains", ist keineswegs müde und nachlässig wie Gannons erster Gegenspieler. Ein Rennen gegen Dole wäre zwar ehrenhaft, aber Gannon wäre nur „Kanonenfutter". Er will nur in einen Wahlkampf ziehen, den „ich auch gewinnen kann". Denkbar wäre eine Bewerbung für das Repräsentantenhaus. Das hieße noch einmal klein anfangen. Ein Senator in Topeka ist eine lokale Größe, ein Kongreßabgeordneter in der Hauptstadt zunächst nur ein politischer Wicht. Vielleicht geht Richard Gannon eines Tages dennoch nach Washington wie vor ihm der junge Mr. Lincoln.

IOWA

Auf Chruschtschows Farm in Coon Rapids

An einem Sonntag im Herbst des Jahres 1959 predigte Pastor Carl Elgena in der Baptistenkirche von Des Moines zu dem Thema: „Sollte Nikita Chruschtschow nach Iowa kommen?“ Eigentlich war es zu spät, um diese Frage zu stellen, denn der sowjetische Parteichef war schon unterwegs. Auch die Einladung auf einen Bauernhof nahe der Hauptstadt des von Mississippi und Missouri umschlungenen amerikanischen Bundesstaates stand fest. Doch der Pastor, der wie viele seiner Landsleute den Kommunisten nicht mitten im Brotkorb des Mittleren Westens sehen wollte, zitierte dennoch aus dem Psalm 28: „Raff mich nicht weg mit den Übeltätern und Frevlern, die ihren Nächsten freundlich grüßen, doch Böses hegen in ihrem Herzen.“

Dann fügte er mit der Kraft des eigenen Wortes hinzu: „Könnt ihr nicht die sentimentale, verführerische Stimme der Wischiwaschi-Philosophen hören, die da sagen ‚Ist er nicht ein netter Mann?‘ und ‚Was für eine nette Familie!‘? Und wieder wird der Wolf im Schafspelz die Hirne der vielen vernebelt haben. Wie grundfalsch ist es doch, sich mit einem Mörder einzulassen und seine Verbrechen zu beschönigen, indem man seine Hand schüttelt, ihm Steaks aus Iowa vorsetzt, ihm die Präsidentensuite gibt und ihn wie eine königliche Hoheit bewirtet.“

Zu derlei Seufzern und Stoßgebeten ist nun, nach fast dreißig Jahren, wieder Anlaß. Denn wieder reist ein sowjetischer Parteichef in die Vereinigten Staaten. Mögen die Pfarrer sagen, was sie wollen, den Bauern und den Bankiers in Iowa wäre Michail Gorbatschow willkommen.

John Crystal, der Vorstandsvorsitzende der Bankers Trust

Company in Des Moines, hat ihn schon eingeladen, noch bevor im Weißen Haus überhaupt über Termine und Programme nachgedacht wurde. Crystal macht sich keine übertriebenen Hoffnungen. Aber gefallen würde ihm ein solcher Coup wohl. Er ist schließlich der Neffe jenes Bauern, welcher damals Chruschtschow seine Maisfelder, Schweinekoben und Viehställe zeigte. Roswell Garst lebt nicht mehr. Aber Crystal setzt die Tradition einer in gewissen Grenzen autonomen Ostpolitik des Staates Iowa fort, die den Onkel schon in Konflikt mit Washington brachte, als er mitten im kalten Krieg den Russen Saatgut, Zuchtbullen und Mähdrescher verkaufen wollte.

Der Bankier kannte Chruschtschow, und er kennt auch Gorbatschow von regelmäßigen Visiten in der Sowjetunion. Er hält den jungen Generalsekretär für „schlauer und klüger" als den „bombastischen Egoisten" mit der mangelhaften Schulbildung. Bei Gorbatschow spürt er „echte Selbstsicherheit", während er Chruschtschows cholerische Ausbrüche und Clownerien als Zeichen von Minderwertigkeitskomplexen und seichtem Selbstgefühl deutete. „Gorbatschow ist der erste Sowjetführer seit Lenin, der wirklich etwas Ordentliches studiert hat, vielleicht abgesehen von Andropow", sagt Crystal, bevor er zur amerikanischen Farmkrise kommt. Das doppelte Getreideembargo – wegen Afghanistan und Polen – ist in Iowa nicht überwunden, geschweige denn vergessen. Die sowjetischen Einkäufer haben sich rasch neu orientiert und zum Beispiel in Brasilien, Kanada und Europa ihren Bedarf gedeckt. Die verlorenen Marktanteile sind nicht zurückerobert worden. Auch aus diesem Grund wäre Gorbatschow im „Herzland" der Vereinigten Staaten ein gern gesehener Gast.

Chruschtschow war damals von Amerika beeindruckt und gab es zu. Aber er war auch voller Zuversicht, daß mit der rechten Starthilfe eines Tages die Kolchosen und Sowchosen es den Großbauern im Mittleren Westen gleichtun würden. Er war Roswell Garst begegnet, als dieser in Moskau Saatgut für Futtergetreide anbot. Er hatte ihn in der Datscha bewirtet und auf die Krim eingeladen. Jetzt sah er in dessen Heimatort Coon Rapids die dicksten Maiskolben seines Lebens. In seinem besten grauen Anzug, den er – wie den Chronisten auffiel – tagelang nicht wechselte, stapfte er durch die mattgoldenen Felder und bemängelte nur, daß die Stauden „ein bißchen zu dicht gepflanzt“ worden seien.

Er war ganz Gemütsmensch, verscheuchte die Fliegenschwärme mit dem Strohhut, klopfte auf jede Schulter und boxte einen Cowboy scherzhaft in den Bauch. Lästiger als die Fliegen waren freilich die Reporter, die dem ungleichen Paar auf Schritt und Tritt durch Flur und Mist folgten. Als es Garst zuviel wurde, griff er in einen Haufen Feuerholz, drohte den Fotografen und trat Harrison Salisbury von der „New York Times“ gegen das Schienbein. Auch Chruschtschow hatte eine spontane Eingebung und schlug vor, auf die Störenfriede einfach „die Bullen loszulassen“.

Der Amerikaner und der Russe, auf ihre Art beide Bauern und Politiker, hatten ihren Spaß und Gefallen aneinander. Garst notierte später: „Er war ein richtiger Kerl. Er konnte lachen und krakeelen. So lachten und krakeelten wir stundenlang gemeinsam.“ Die Konversation hatte, abgesehen von Trinksprüchen auf den Weltfrieden, meistens nicht viel mehr Tiefgang als der Gänseweiher. Das änderte sich erst bei einem Disput über die Frage, welchen Bauern Gott mehr beistehe. Chruschtschow vermutete, daß es bei den regelmäßigen Prachternten der Amerikaner nicht mit rechten Dingen zugehe, und sagte: „Man muß wohl annehmen, daß Gott euch kräftig dabei hilft.“ Garst erwiderte: „Sie haben recht. Der Herr ist auf unserer Seite.“ Aber Chruschtschow ließ nicht locker: „Glaubt nicht, daß er euch alleine hilft.“ „Gott hilft dem, der sich selbst hilft“, entgegnete Garst versöhnlich. Doch Chruschtschow behielt das letzte Wort: „Er hilft immer den Intelligenten.“ Die Lokalzeitung „Des Moines Register“ erläuterte ihren möglicherweise verwirrten Lesern, daß der Russe ein „eingeschworener Atheist“ sei, der bei Auslandsreisen aber gern „in frommer Weise die Gottheit anruft“.

Elisabeth Garst bittet den Besucher, in „Nikitas Sessel“ Platz zu nehmen. Die Gastgeberin Chruschtschows, die in späteren Jahren in ihrer guten Stube ganze Legionen sowjetischer Funktionäre empfing und verköstigte, ist nun 91 Jahre alt. Mag es auch mit den Jahreszahlen hapern, die Erinnerung an Ereignisse und Gesichter ist scharf. War ihr Mann nach den Worten von Harrison Salisbury ein „reines Beispiel für die amerikanische Tradition des brillanten Individualisten“, welcher der Welt die Furcht vor dem Hunger nehmen wollte, so ist seine Frau ein nicht minder glänzendes Beispiel für eine praktische, nüchterne, schwer zu beeindruckende amerikanische Bäuerin. „Ich habe gemischte Gefühle bei der ganzen Sache“, sagte sie zunächst, als Chruschtschow überraschend die Einladung ihres Mannes nach Coon Rapids angenommen hatte. Doch stolzer Trotz behielt die Oberhand, als auf der Farm „Waschkörbe von Briefen“ eingingen, in denen stand, sie solle dem „verdammten Ungläubigen“ die Tür weisen.

Das tat sie nicht. Sie richtete sich vielmehr nach der Empfehlung der weniger aufgeregten presbyterianischen Kirche, die, „des Unrechts und der Unterdrückung im kommunistischen Rußland wohl bewußt“, dennoch zu „christlicher Höflichkeit“ aufgefordert hatte. Sie sorgte dafür, daß reichlich Schinken, Brathuhn und Maispudding auf den Tisch kamen, daß der Swimming-pool im Garten einladend aussah und man daneben im Schatten eines geliehenen Zirkuszeltes gemütlich sitzen konnte. Nina Chruschtschowa erwies sich als „reizend und gebildet“. Die Lehrerin hatte kurz vor ihrem Aufbruch nach Amerika noch ein bißchen Englisch gelernt und probierte es aus. Man plauderte über das Leben und das „Frauenprogramm“ der Reise. Dazu hatte in Iowa ein Besuch im Supermarkt, in den Eigenheimen von Arbeitern und Bauern und, als Höhepunkt, in einer modernen Münzwäscherei gehört. Zwischen Suppe und Nachtisch paßte Nina auf, „daß Nikita nicht zuviel trank, und hielt die Hand über sein Glas“. Elisabeth Garst blättert in ihrem Fotoalbum wie in einem Geschichtsbuch. Da ist der junge Außenminister Gromyko, dem Chruschtschow immer die entscheidenden Anweisungen gab. Als sich eine aus Litauen nach Iowa verschlagene Emigrantin beklagte, daß ihre Tochter seit Jahren nicht aus der Sowjetunion ausreisen dürfe, sagte Chruschtschow gefühlig: „Andrej, kümmere dich darum.“ Da steht, ebenfalls auf einem Acker, der zweimalige Präsidentschaftskandidat Adlai Stevenson, der nach der Chruschtschow-Tour begeistert sagte, jetzt sei „der Frieden ausgebrochen". Da raucht der russische Dolmetscher Oleg Trojanowskij, der später Botschafter bei den Vereinten Nationen werden sollte. In den Aufnahmen von der Staatslimousine sitzt Chruschtschow immer vorne neben dem Fahrer, um alles genau zu sehen. Im Fond die Feiertagsgesichter von Garst, Gromyko und Henry Cabot Lodge, Chruschtschows offizieller Eskorte.

„Es war eine Zeit voller Hoffnung", sagt Elisabet Garst. „Wir hofften auf Handel und Frieden. Wir hatten keinen Streit mit den Russen. Wir wollten Saatgut verkaufen." Ihr Mann hatte als einer der ersten Vizepräsident Nixon nach dessen Rückkehr von einer aufsehenerregenden Moskau-Reise beglückwünscht. Nixon hatte dabei Chruschtschow eine Einladung von Präsident Eisenhower überbracht. Der Parteichef hatte angenommen, und Garst schrieb von einem Schritt in die richtige Richtung: „Ich glaube, daß es zur Zeit das allerverrückteste Ding auf der Welt ist, daß wir jedes Jahr ungefähr hundert Milliarden Dollar für die Vorbereitung eines Krieges ausgeben, den niemand will, niemand erwartet und niemand überleben kann."

Naiv waren die Garsts bei aller Zuversicht freilich nicht. Sie hatten die Sowjetunion bereist und gesehen, daß „die Geschäfte leer waren und es nichts Anständiges zu essen gab". Sie hatten auf dem Rückweg von Moskau in Kiew übernachtet, „wo man uns im Hotel einen riesigen Zimmerschlüssel und Pferdedecken zum Zudecken gab". Dann waren sie auf der Weiterfahrt durch Osteuropa „zehn Tage lang in Budapest steckengeblieben". Sie waren mitten in den Ungarn-Aufstand geraten und konnten aus der Nähe beobachten, wie er niedergeschlagen wurde. Mit einiger Mühe gelangten sie schließlich auf einem Donaudampfer in die Tschechoslowakei. Elisabeth Garst ist „Tschechin und stolz darauf". Die Großmutter stammte aus Prag, der Großvater aus Pilsen. Beide waren „dissidente Hugenotten", die nach Amerika auswanderten. Roswell Garsts Familie kam aus dem Elsaß.

Für Elisabeth Garst ist Chruschtschow der „Schafhirt", der zum Glück mit einer „netten, aber nicht besonders gut gekleideten Frau" verheiratet war. Von all den Briefen und

Souvenirs aus der Sowjetunion ist ihr das kurze, in holprigem Englisch verfaßte Dankschreiben von Nina Chruschtschowa das liebste. Statt Grüßen schrieb sie ihren amerikanischen Gastgebern am Schluß: „Be happy!" – Seid glücklich.

Aus dem Wohnzimmer voller gerahmter Erinnerungen und Bücher geht Elisabeth Garst in den Garten. Jenseits der Landstraße wurde ein Golfplatz angelegt, den es im Jahr 1959 noch nicht gab und wo nun die Landwirte aus der Nachbarschaft mit der größten Selbstverständlichkeit die Schläger schwingen. Diesseits der Straße, auf dem Gelände der Farm, weiden in einer separaten Ecke vier Büffel, eine Spezies, welche die Garst-Söhne David und Steve „vor dem Aussterben bewahren wollen". Die alte Dame will noch die Stelle zeigen, wo unter dem Dach des Zirkuszelts das Picknick stattfand. Sie deutet auf ein Blumenbeet und sagt: „Hier war das Schwimmbad. Das haben wir später zugeschüttet." Dann stellt sie sich ganz aufrecht vor die Haustür, vergißt für einen Augenblick den stützenden Stock und fragt: „Glauben Sie, daß man den Neuen wieder absetzt? Glauben Sie, daß er so enden wird wie Nikita?"

Coon Rapids ist keine Kleinstadt, von der man sagen könnte, daß sie gerade in Blüte stehe. Die „Farmkrise" hat auch diesen Winkel der Vereinigten Staaten erreicht. Der Name Garst dominiert unverändert auf Lagerhäusern, Maschinenparks und dem Gemischtwarenladen in der Hauptstraße.

Der Verkauf von Saatgut lohnt sich noch. Andere Bauern kämpfen mit der „Überproduktion" und verbringen manche Stunde mit vertrackten Umschuldungsverhandlungen auf der Bank. „Auch der Bank geht es nicht gut, wenn es den Bauern schlecht geht", sagt ein Gast in „Arlene's Café" und schaut aus dem Fenster. Dort hat Arlene ihr Motto aufgehängt: „Keine Schuhe, kein Hemd, keine Bedienung!"

Gesprächsthema in Coon Rapids ist in diesen Tagen außer den harten Zeiten ein Film, der Vergangenheit und Gegenwart verbindet. Er heißt „Der Bauernhof des Jahres" und will zeigen, was aus den Söhnen von Roswell Garst und aus „Chruschtschows Farm" in Iowa geworden ist. Für die Rolle des Sowjetführers wurde in einem Wettbewerb für Laienschauspieler der Versicherungsagent Larry Poling aus Cedar Rapids ausgesucht. Die Ähnlichkeit verblüffte sogar den Maskenbildner. Er brauchte „nur eine Zahnlücke und einen Leberfleck aufzumalen“.

Der Cowboy, der nicht mehr nach Hause kam

Die kleine Stadt Winterset im amerikanischen Bundesstaat Iowa ist aus zwei Gründen weltberühmt. Zum einen erfand man hier im Jahr 1872 den „Delicious“-Apfel, der daraufhin seinen Siegeszug durch die Supermärkte der zivilisierten Länder antrat. Zum anderen wurde hier am 26. Mai 1907 Marion Morrison geboren, der es als John Wayne dem Apfel gleichtun und zu einem nicht minderen Triumphzug durch die Filmtheater aller Kontinente ausziehen sollte. Beide Ereignisse wirken nach. Winterset verdankt ihnen seinen Platz auf der Landkarte.

Mag auch eine jüngere Generation mit kürzerem Gedächtnis nach Memphis in Tennessee reisen, um Elvis Presley zum Todestag im pompösen „Graceland“ ihre Reverenz zu erweisen. Die wirklich ernsthaften Wallfahrer auf der Spur amerikanischer Legenden kommen früher oder später in die Zweite Straße Nr. 224 (Süd) nach Winterset. Hier blickt „Duke“ in hundertfacher Pose – und fast immer der gleichen Verkleidung – von den Wänden. Hier liegen seine Winchester und seine Geburtsurkunde unter Glas. Hier ist die berühmte Augenklappe, die er als Marshall Rooster Cogburn in „True Grit“ trug. Jener Film brachte ihm einen „Oscar“ ein. Hier lehnt in einer Ecke, so groß wie ein Verkehrsschild, ein zur Erinnerung an den Schauspieler von Jim „Ol' Drizz“ Robinson eigenhändig in Weißblech geschossener Indianerhäuptlingskopf. Hier steht ein Schaukelstuhl, der „Duke's“ gewesen sein könnte, und darin sitzt ein bewaffneter Plüschteddybär, der als Souvenir für sechzig Dollar feilgeboten wird. Im

Garten wird auf dem Fahnenmast mit dem Adler an Feiertagen das Sternenbanner aufgezogen.

Das kleine, einstöckige Holzhaus ist weiß gestrichen und hat vier Zimmer. Es wurde im Jahr 1880 gebaut und diente wechselnden Familien ein Jahrhundert lang als Wohnhaus. Als die Handelskammer von Winterset es erwarb, war der Schauspieler schon tot. Er starb am 11. Juni 1979 im Alter von 72 Jahren in Los Angeles an Krebs, dem „großen K", das der Kettenraucher eine Zeitlang besiegt glaubte. In Kalifornien wurde inzwischen ein Flughafen nach ihm benannt, sein Konterfei in einen Fels gehauen und vor einer Bank in Beverly Hills ein Reiterstandbild errichtet. In Iowa wurde hingegen erst Jahre später aus dem Geburtshaus ein Hausmuseum. Die Damen vom Städtischen Gartenverein kümmerten sich um den vernachlässigten Rasen und pflanzten Malven, Flieder und Tulpen. Ein paar berühmte Kollegen kamen schon zu Besuch, darunter der ehemalige Präsident Reagan. Fünf der sieben Kinder Waynes trugen sich in das Gästebuch ein. Nur John Wayne selbst machte zu Lebzeiten wenig Aufhebens von seiner Heimat. In den fünfziger Jahren, noch bevor er zum großen Kassenschlager geworden war, kam er einmal kurz und diskret in Winterset vorbei. Er besah sich das Häuschen in der Zweiten Straße und ließ sich danach nie wieder sehen.

Jedermann in Winterset kennt John Wayne. Aber von den alten Leuten erinnert sich keiner mehr an den jungen Marion Morrison, der wegen seines „Mädchennamens" – die Mutter hoffte noch auf eine Erbschaft von Großvater Marion – von den Gassenjungen gehänselt wurde. Wayne sprach später nicht gern über seine Kindheit in Iowa. Er sagte, er erinnere sich nicht mehr so genau an die sieben im Mittleren Westen verbrachten Jahre. Es war wohl auch keine besonders glückliche Zeit, weil die Ehe der Eltern nicht glücklich war.

Der Vater, Clyde Morrison, wollte, anders als seine Pioniervorfahren, nicht Bauer sein. Er wurde Apothekergehilfe im Drugstore von M.E. Smith in Winterset und heiratete die ehrgeizige Telefonistin Mary Brown, der er es nie würde rechtmachen können. Die Mutter bevorzugte den zweitgeborenen Sohn Robert, und Marion machte frühzeitig als Ausreißer auf sich aufmerksam. Auf nicht wenigen Güterzügen, die Winterset passiert hatten, wurde das hochgewachsene Kind entdeckt und wieder nach Hause geschickt.

Der Erstgeborene war noch nicht acht Jahre alt, als eine Lungenkrankheit des Vaters zum Umzug aus Iowa in das heiße, trockene Klima Kaliforniens zwang. Dort sollte John Wayne, der eigentlich Rechtsanwalt werden wollte und statt dessen Amerikas eindrucksvollster Zelluloidsheriff wurde, den Rest seines Lebens verbringen. Dort hatte er seinen ersten Job als Zeitungsjunge. Aus Spaß nannten ihn die Feuerwehrleute in der Nachbarschaft, denen sein Vorname nicht geläufig war, „Duke". „Duke", zu deutsch Herzog, hieß nämlich sein Hund, der ihn frühmorgens bei der Arbeit begleitete. Marion behielt den Spitznamen bei: „Big Duke" hieß der Herr, „Little Duke" der Airedale-Terrier. Erst viel später gab der Regisseur Raoul Walsh in Hollywood seinem aufkommenden Star den Künstlernamen John Wayne.

Der in Liebesdingen – im Leben wie im Film – etwas unbeholfen wirkende Gigant aus Iowa hatte drei Frauen. Die erste war eine puritanische, angelsächsische „höhere Tochter", die ihm vier Kinder gebar. Die zweite war, wie seine Freunde behaupteten, ein „leichtes Mädchen" aus Mexiko, das ihn viel Geld kostete. Die dritte war ein Starlet aus Peru, das singen und tanzen konnte. Mit ihr, Pilar Pallete, war er dann ein gutes Vierteljahrundert verheiratet. Sie hat eine verklärende, aber nicht durchgängig schönfärberische Biographie ihres Mannes veröffentlicht, der als Sinnbild des couragierten Cowboys immer mehr den amerikanischen Kinogängern gehörte als ihr.

Sie beschreibt den „Superpatrioten", der wegen eines Filmvertrags im Zweiten Weltkrieg nicht eingezogen wurde und darob schlechtes Gewissen hatte. Sie beschreibt seinen Nachholbedarf, den er mit martialischen Rollen im „Kalten Krieg" deckte, und seine Bewunderung für den „Kommunistenjäger" Joe McCarthy. Sie rekonstruiert aus erzählten Bruchstücken die Kindheit in Winterset, Hunger, Armut und die qualvollen Streitereien der Eltern. Sie erwähnt aber auch die freundlichste unter den Erinnerungen des kleinen Marion: wie er beim Haareschneiden vom Friseur am Kinn eingeseift und vollen Ernstes mit der stumpfen Rückseite des Messers „rasiert“ wurde.

Die alte Dame im Hausmuseum von Winterset, die mit ihrer Nickelbrille und dem bodenlangen Kleid aus einer Wagenburg geflüchtet scheint, hat von der neuen Biographie schon gehört. Pilar Wayne, die bisher noch nicht nach Iowa gekommen ist, hat brieflich schon einen Besuch angekündigt. Doch vorsichtig, wie die Bürger von Winterset sind, bat die Kuratorin des Geburtshauses erst einmal um Zusendung einer Kopie von „John Wayne – mein Leben mit Duke“. Sie hofft, daß es ein „positives Buch“ ist, weil sie sich „keine negative Publizität“ wünscht. In der Zweiten Straße Nr. 224 (Süd) wird schließlich jetzt Geld für ein Denkmal gesammelt und auf ein lichtes Gedächtnis geachtet. John Wayne hätte selbst eine Inschrift beizutragen. Auf die Frage, wie er einmal in Erinnerung bleiben möchte, hatte er geantwortet: „Feo, fuerte y formal“ – häßlich, stark und würdevoll.

Winterset, das in gleichem Maß auf seinen größten Sohn, den „Delicious“-Apfel und seine sechs einzigartigen überdachten Holzbrücken stolz ist, sieht noch immer aus wie in Waynes Geburtsjahr, als Theodore Roosevelt Präsident von damals erst 45 Vereinigten Staaten war. Noch immer beherrscht die vergoldete Kuppel des Bezirksgerichts – eine Mischung aus Kapitol und barockem Dom – den Stadtkern. Der Schrein des Gesetzes überragt selbst die höchsten Getreidesilos und läßt die im Quadrat um den Gerichtsplatz erbauten Nachbarhäuser wie eine dürftige Filmkulisse erscheinen. Die väterliche Apotheke ist nun der „Dorf-Schuhladen“. Ein paar Schritte weiter sind die Bank, die Bar, ein Freimaurer-Tempel, das Kino „Iowa“ und die Presbyterianer-Kirche. Ihr stand einmal Großvater Marion Morrison vor. Der Enkel wurde hingegen kein fleißiger Kirchgänger.

In dieser Hinsicht erwies sich John Wayne als so unkonventionell wie sein Freund Ronald Reagan. Wayne sagte, er sei gläubig, auch ohne regelmäßig ein Gotteshaus aufzusuchen. Der Präsident ging selten in die Kirche, um, wie er sagte, durch seine Anwesenheit niemanden zu gefährden. Die beiden waren auch sonst eines Sinnes, mit einer Ausnahme: Ronald Reagan war gegen eine Übergabe des Panama-

Kanals; John Wayne hatte dagegen mehr Verständnis für den Stolz der Latinos und warb geradezu für Jimmy Carters „Kapitulationsvertrag".

Diese kuriose und irritierende Episode im Verlauf einer politischen Seelenverwandtschaft mit Reagan kam erst spät ans Licht, und zwar durch Zutun der Carter-Bibliothek in Atlanta. Sie veröffentlichte einen erbosten Brief, den John Wayne am 11. November 1977 an Präsident Carter schrieb – mit einem Durchschlag an Reagan. In dem Schreiben warnte Wayne Reagan davor, weiterhin „verdammte Unwahrheiten" über einen angeblichen Ausverkauf der Amerikaner in Panama zu verbreiten, und ließ Nancy herzlich grüßen.

Reagan trug „Duke" die Rüge nicht nach. Vielmehr besuchte er dessen Geburtshaus in den letzten Tagen des Präsidentschaftswahlkampfes von 1984. Es war, als ob der Geist des alten Cowboys helfen könnte, den liberalen Demokraten Walter Mondale aus dem benachbarten Minnesota zu bannen. Der Versuch gelang.

Wayne hatte den Amtsantritt des ehemaligen kalifornischen Gouverneurs nicht mehr erlebt. Noch im Jahr 1985 verriet Reagan jedoch ein paar Reportern, daß in seinem Traumkabinett John Wayne der Außenminister gewesen wäre. Zu diesem Zeitpunkt hatte er immerhin schon vier Jahre mit George Shultz hinter sich gebracht. „Duke" wiederum hatte nie ein politisches Amt angestrebt. Der Vorschlag, er solle sich um die Präsidentschaft bewerben, kam ihm so lächerlich vor, daß er nur sagte: „Ich könnte mir die Gehaltseinbuße nicht leisten und außerdem, wer in aller Welt würde einen Schauspieler wählen?"

GEORGIA

Plains nach dem Fall von Peanut Power

Wenn der grauhaarige Mann mit der Latzhose seinen Rasenmäher zur Tankstelle steuert, folgen die Aufpasser vom Secret Service mit dem Kleinbus. Das ist Privileg und Bürde des 39. Präsidenten der Vereinigten Staaten. Sonst ist in Plains wieder alles beim alten – oder fast alles. Jimmy Carter ist noch da. Bruder Billy war dagegen weitergezogen. Er hatte seine Tankstelle verkauft und war anderswo in Georgia im Wohnwagengeschäft. Nun ist er gestorben: Krebs. Dem Schwarzen an der historischen Zapfsäule ist das einerlei. Er verkauft bleifreies Benzin für die Autos der selten gewordenen Durchreisenden und bleihaltiges für die Rasenmäher der Einheimischen.

Beherrscht wird Plains, das aussieht wie die Kulisse zu einem Spaghetti-Western, von den Schnaken. Es ist ein heißer, feuchter Herbst, und die Mücken stechen die Fremden, wo sie sie treffen: zwischen den Baumwollfeldern, unter den Maulbeer- und Pecan-Bäumen, auf dem Familienfriedhof der Carters und vor dem Kontor des kleinen Erdnuß-Imperiums, das auch den Besitzer gewechselt hat. Sicher wäre man vor ihnen allenfalls in der Baptistenkirche. Doch dort wird erst am Abend zur Bibelstunde aufgeschlossen. Noch ist aber heller Tag und Zeit genug zur Spurensicherung nach dem Fall von „Peanut Power“.

Kann man sich George Bush mit Latzhosen vorstellen? Schwerlich. Kann man sich Jimmy Carter ohne Latzhose vorstellen? Man mußte es vier Jahre lang. Der sommersprossige Junge aus Plains, Laienprediger, Bauer und Gouverneur von Georgia brachte einen unverwechselbaren Stil in das Weiße Haus. Die „Arroganz der Schlichtheit“, die nach seiner einzigen Amtszeit wieder üppigeren Formen weichen mußte, ist der Washingtoner Gesellschaft noch in unfreundlichster Erinnerung. Dabei benahm sich Carter nur, wie er es von „Miz Lillian“ gelernt hatte. Seine Mutter wußte, was sich schickte, und hatte Jimmy und Billy, mit unterschiedlichem Ergebnis, darüber niemals im Zweifel gelassen. Wenn es mit Billy einer zu gut gemeint hatte, dann, das weiß man in Plains, war es der Vater. Earl Carter, dessen Arbeit als Abgeordneter das ländliche Georgia die Elektrifizierung verdankt, ersparte dem Nesthäkchen die Pfirsichbaumrute, mit der der Erstgeborene Jimmy ausgiebig Bekanntschaft machte.

Die Landstraße Nr. 28 aus dem Westen verengt sich zur Kirchstraße. Vor dem Ortsschild links, in das heimliche Revolverhelden Löcher geschossen haben, steht verwittert und unberührt der „Plains Country Club“. „Bacon's Motel“ daneben hat ebenfalls lange keine Gäste mehr gesehen. In einem Doppelzimmer ohne Bad parkt ein Traktor. Dahinter ist rote Erde. Es riecht nach verbranntem Kartoffelkraut. Die erste Seitenstraße hinter dem Ortsschild nach rechts ist die Carter-Straße. Den ersten Teil deckt eine ramponierte Lage Asphalt. Weiter hinten sind nur Staub und Hundegebell. Eine schwarze Großfamilie hat ihren Chevrolet vor dem aufgebockten Wohnwagen geparkt. Dies ist das schwarze Plains. Holzhütten entlang der Bahnlinie, neue Sozialwohnungen, Kleingärten mit Gemüse.

„Nicht anhalten! Weiterfahren!“ steht auf dem Schild, das anzeigt, daß man eigentlich angekommen ist. Jimmy Carters Haus hinter mannshohem Bretterzaun auf der besseren Seite der Kirchstraße ähnelt ein bißchen einer russischen Datscha. Außer Architektur und schläfriger Umgebung ist das Wachhäuschen mit dem Kameraauge am Eingang zu bemerken. Hier wird beschützt und abgeschirmt. Dahinter ist auf hohem weißen Mast das Sternenbanner aufgezogen. Auch ohne dieses Dekor ist klar, daß das Cartersche Anwesen zu denen der wohlhabenden Leute des Ortes gehört. Das heißt: zu den Häusern einer hart arbeitenden, gottesfürchtigen Mittelschicht. Was die amerikanischen Soziologen die „obere Mittelklasse“ nennen, gibt es hier nicht.

In Plains gibt es kein Hotel, keine Bar, kein Kino, keine Versuchung. Dafür gibt es eine schwarze und eine weiße Baptistenkirche. Letztere, Carters Sonntagsschule, ist der Stolz der Gemeinde mit schmucken, farbigen Glasfenstern. Reverend Don Wilson hat neben den Kasten mit den Gottesdienstzeiten handschriftlich geschrieben: „Hört Gottes Wort nicht nur. Tut es auch." Schräg gegenüber heißt Pastor Hoffmeyer die Lutheraner willkommen. Zweihundert Schritt weiter ist das Bethaus der Methodisten, wo Rosalynn vor der Hochzeit ihre Abende verbrachte.

Die Geistlichen sind sämtlich Männer, wie der Sheriff und seine Helfer. Aber die Verhältnisse in diesem eher kargen Teil der amerikanischen Südstaaten verlangen vor allem starke Frauen. Zupackend, von praktischem Verstand, Ehrgeiz und ausgeprägtem Willen. Jimmy Carter hatte niemals verzärtelte Reifröcke um sich. „Vom Winde verweht" spielt schließlich in Atlanta und an der karibisch geprägten Küste von Georgia und Südkarolina. In Plains war zunächst „Miz Lillian", die zum Verdruß der Wahlkampfmanager des Sohnes dabei blieb, daß „mein Jimmy absolut nichts Besonderes ist". Dann kam Rosalynn, die ihr Interesse am neuen Amt des Mannes nicht auf Karitatives beschränken wollte, sondern am Kabinettstisch Platz nahm. Schließlich zählen zu den Erinnerungsfetzen Tochter Amy und der Atomkrieg. Die Zöpfe sind ab. Amy studiert an einer renommierten Ostküsten-Universität und reist schon mal nach Washington, um vor der südafrikanischen Botschaft gegen die Apartheid zu demonstrieren.

Sie alle haben ihre Wurzeln in Plains. Alles, was in dieser kleinen Welt keinen guten Ruf hat, ist zehn Meilen entfernt in dem Städtchen Americus zu finden. Die Bowling-Bahn, die Kneipen, die bescheidene Unterhaltung. Jimmy mag sich durch Fernbleiben in Abstinenz und Askese geübt haben. Dem weltlicheren, jüngeren Bruder Billy muß Americus einmal wie Chicago und Las Vegas zusammengenommen erschienen sein. Hatte er bei einem Glas im Nachbarort die Ideen, die ihn wenn schon nicht erfolgreich, so doch berühmt machten? „Billy-Bier" in Dosen gibt es noch in einem Andenkenladen in Plains, gut zwölf Jahre alt. So lange ist es her, daß der kleine Bruder, der als einziger zur Feier des Wahlkampfs seine Tankstelle nicht frisch anstreichen wollte, einen Vertrag mit einer Brauerei in Florida unterzeichnete. Als der große Bruder im Weißen Haus solche Geschäfte zu verhindern suchte, setzte Billy seine schwungvolle Unterschrift unter ein Gebräu, welches er als „einer der erfahrensten Biertrinker Amerikas“ wärmstens empfahl.

Billy mußte sich bei seinen Eskapaden vorsehen. Denn im Zentrum von Plains, direkt neben seiner Tankstelle, ist die Polizeiwache. Wenn er über die Hauptstraße, einen Rasenflecken und die Bahnlinie hinwegschaute, sah er auf der anderen Seite die Beweise Carterschen Erfolgsstrebens in Plains, wo sich die Familie im Jahr 1905 niedergelassen hatte. Jetzt ziert das Erdnuß-Lagerhaus das größte Plakat des Ortes: „Heim von Jimmy Carter, unserem 39. Präsidenten“. Das „Erdnuß-Museum“ daneben ist leer, ebenso wie die meisten Geschäfte, die während des Carter-Booms kurz auf- und rasch wieder zumachten. Wie nach einem Goldrausch sind nebeneinander Unterkünfte und Läden ohne Verwendung: eine Münzwäscherei, ein Schnellimbiß und ein Getränkedepot. „Keine Minderjährigen“ heißt es an der Tür. Durch das offene Fenster flattert ein Zitronenfalter.

Den siebenhundert Einwohnern von Plains, das vor kurzem seinen hundertsten Geburtstag feierte, sind die Aufläufe, Reden und Fernsehkameras noch lebhaft im Gedächtnis. Vor der Wahl und danach erst recht gab es auf ihrer Hauptstraße Verkehrsstauungen. Der Bahnhof, nicht viel größer als die öffentliche Bedürfnisanstalt in einer Anlage, die anderswo vielleicht „Marktplatz“ hieße, war kurzerhand zur Wahlkampfzentrale umfunktioniert worden. Einer, der dabei war, besinnt sich auf die erste Pressekonferenz, weil „da keiner hinkam“.

Rosalynn und Jimmy waren zum Hundertsten jedoch zur Stelle. Sie signierte am Nachmittag im Park ihr Buch „First Lady aus Plains“. Er krönte unterdessen die „Erdnuß-Königin“ und nahm am Langlauf teil. Beide verbringen einen guten Teil ihres Lebens in Plains, wenn auch nicht länger im Erdnußgeschäft. Jimmy Carter hat zwei Bestseller geschrieben und arbeitet zur Zeit mit seiner Frau an einem Gesundheitsratgeber. An der Universität in Atlanta unterrichtet er nebenbei als Gastprofessor Politische Wissenschaften. Wenn er weder in Plains noch in Georgias Hauptstadt ist, arbeitet er ehrenhalber als Zimmermann für ein Armenhaus in New York. Es ist kein Zufall, daß Jimmy Carters Wahlhandwerk das des heiligen Josef ist.

Von den vier lebenden amerikanischen Ex-Präsidenten ist Carter der jüngste. Mit dem Republikaner Gerald Ford, einem umtriebigen Geschäftsmann und Golfspieler, versteht er sich bemerkenswert gut. Zu Reagan, der beide geschlagen hat, ist das Verhältnis kühl. Als Reagan Rat für den Gipfel mit Gorbatschow suchte, wandte er sich an den einzigen Kollegen, dessen außenpolitische Erfahrung im imponierte: Nixon. Carter hätte seine guten Dienste gewiß nicht verweigert. Er war schließlich der letzte Amerikaner, der in Wien Breschnew geküßt hatte.

„Hi, ich bin Beedie", sagt die Stimme hinter dem Tresen und lächelt mit blauen Carter-Augen. Es klingt wie der Geist aus dem Jahr 1976: „Hello, ich bin Jimmy Carter, und ich werde euch niemals belügen." Doch der freundliche alte Herr ist Vetter Hugh Carter, der das einzige Antiquitätengeschäft von Plains betreibt und sich dabei vor allem auf Aschenbecher, Anstecknadeln und Baseballmützen aus der Episode von „Peanut Power" stützt. Vetter Hugh, Senator des Staates Georgia, ist ein unprätentiöser Mann. Er nennt sich selbst den „Wurmkönig", weil einer seiner wichtigsten Geschäftszweige der Export von Regenwürmern für Angler ist. Dank des beträchtlichen Umsatzes wurde das Postamt von Plains in die nächst höhere Kategorie eingestuft.

„Beedie", so sein Spitzname – der vier Jahre jüngere Jimmy ist „Cousin Hot" –, ist der eigentliche Nachlaßverwalter der Ära Carter. Er bietet die Memoiren des Präsidenten, seiner Frau und seine eigenen zu Schlußverkaufspreisen an – allesamt handsigniert. Dem deutschen Besucher erzählt er bereitwillig, daß er zweimal in Deutschland war, einmal im Zweiten Weltkrieg bei Stuttgart als Soldat und zuletzt vor zwei Jahren auf Moselfahrt. Ausgerechnet in Bernkastel brach sich seine Frau Ruth den Knöchel und mußte im Krankenhaus behandelt werden. Die Carters sind des Lobes voll für die deutsche Medizin. „Ihr habt dort ja ein sozialisiertes Gesundheitswesen", sagt „Beedie". „Deshalb ließ mich niemand bezahlen. Für mich war es das erste Mal auf der Welt, daß niemand mein Geld haben wollte."

Die Gefahren von Auslandsreisen bringen das Thema auf „Vetter Hot". „Jimmy und Rosalynn sind gerade im Himalaja auf Bergtour", berichtet der Senator und schreibt unterdessen eine Widmung in die Erstausgabe seiner Erinnerungen. „Das ist irgendwo zwischen Indien und Japan. Ich habe die beiden ja gewarnt." Genützt hat es, wie so oft, nichts. Jimmy Carter ist noch in guter Form und will es beweisen. Rosalynn ließe ihn alleine nicht einmal nach Nepal.

Kurz vor der Abreise in die dünne Luft hatte es in Plains eine denkwürdige Party gegeben. Bei Eistee, Barbecue und Softball versammelten sich rund zweihundert Mitglieder des ehemaligen Carter-Stabs aus dem Weißen Haus zu einem nostalgischen Wiedersehen. Jody Powell, der krebskranke Jordan Hamilton und auch Carters Söhne Chip und Jeff waren dabei.

Jimmy Carter kam mit dem Fahrrad aus der Datscha und erinnerte sich und die anderen daran, daß er vor Jahren noch „Air Force One" zur Verfügung hatte. Ein Anflug von Eitelkeit kann es nicht gewesen sein, denn das T-Shirt, mit dem die Carter-Mannschaft das Ballspiel gewann, trug den Aufdruck: „Politiker sind immer da, wenn sie Dich brauchen."

Dem Politiker, der als erster Südstaatler seit Andrew Jackson zum Präsidenten gewählt wurde, fehlt es nicht an Selbstironie. So konnte er die vergangenen Jahre unbeschadet und mit der Hoffnung überstehen, daß sein Platz in den Geschichtsbüchern der Nation einmal besser sein werde, als es zur Zeit den Anschein hat. Der Mann, der mit der penetrant-weichen Stimme des Laienpredigers seinen Landsleuten immer die Wahrheit sagte und sie mit den leidigen Tatsachen des Lebens konfrontierte, anstatt ihnen, wie sein Nachfolger, vor allem die Dinge zu sagen, die sie hören wollten, mag eines Tages eine überraschende Renaissance haben – so wie ein lange vergessener Harry Truman.

Die Rentner und Altersgenossen Carters, die in diesen Tagen vor dem Winter nach Florida flüchten und vereinzelt den mühsamen Abstecher nach Plains machen, haben Reagans Vorgänger vielleicht nie gewählt. In Vetter „Beedies“ Laden sind sie aber doch angerührt und machen Bemerkungen wie die: „Ist es nicht erstaunlich, daß einer, der in einem solchen Kaff aufwuchs, Präsident der Vereinigten Staaten werden konnte?“

Scarlett O’Hara und Martin Luther King

Atlanta unterscheidet sich von Nowosibirsk vor allem durch die „Jesus-Christ-Architektur“. Zu den Superlativen der Hauptstadt Georgias zählen das höchste Hotel der Welt, der schnellste Lift und die atemberaubendste Lobby. Amerikaner, die in gläsernen Kapseln bis in die Domkuppel des Marriot Marquis schweben, halten unweigerlich die Luft an, bis zu dem bewundernden Ausruf: „Jeezas Christ“.

Atlanta gleicht Nowosibirsk, weil es ebenfalls eine riesengroße, ausgreifende Baustelle mitten im Flachland ist. Doch hier sind keine Planwirtschaftler am Werk, die Löcher graben, Schutthalden auftürmen, Gerüste bauen, Parkplätze auslegen und Wohnviertel immer weiter in die Einöde hinaus treiben. Die Skyline im Zentrum lebt von der Konkurrenz prestigebewußter Konzerne. Sie sorgen für Glanz, Druck und Tempo. An der Peripherie setzt sich private Eigenwilligkeit in Villen aus buntem Stilgemisch fort, bis die Häuser bescheidener und ihre Bewohner dunkelhäutiger werden.

Das einzige, was Atlanta mit der Sowjetunion gemcin hat, steht nicht in Nowosibirsk, sondern in Moskau. Es ist ein Luxushotel. Schlüsselfertig wurde es zu den Olympischen Spielen von 1980 geliefert, eine genaue – etwas kleinere – Kopie des östlichen „Hyatt Regency“. Als neues Kongreßzentrum steht es am Ufer der Moskwa und ist seitdem Refugium für westliche Geschäftsleute und Anziehungspunkt für hübsche Mädchen, die dort nicht immer tun, was die Miliz erlaubt. Und da beginnen wieder die Unterschiede. In Atlanta braucht niemand den Türhüter zu bestechen, um in ein „Ausländerhotel“ eingelassen zu werden. Wer sich dann im

Foyer umschaut, vermißt auch plötzlich die Attraktion des Schwesternhauses in der russischen Kapitale: Der metallene Gockel fehlt, der mit gespreiztem Gefieder und von höchster Warte das Treiben in der Halle überblickt. Im „Hyatt Moskwa“ ist der Hahn die Tarnung für die eingebaute Fernsehkamera der Sicherheitsorgane.

Atlanta, das Herz der alten Konföderation, sieht sich heute als Repräsentantin des „neuen Südens“. Aus dem Eisenbahnerdorf des Jahres 1837 mit dem bezeichnenden Namen „Terminus“ wurde eine Metropolis mit zwei Millionen Einwohnern. Der Scherz, daß zwar ungewiß sei, ob einer in den Himmel oder in die Hölle komme, daß er auf dem Weg dorthin aber sicher in Atlanta umsteigen müsse, gilt längst nicht mehr nur für die Südstaatler. Mit dem größten Flughafen der Welt ist Atlanta für Amerika und darüber hinaus zur Investitionen und Arbeitsplätze bringenden Drehscheibe geworden. Ein weiter Sprung seit den Tagen, als Scarlett O'Hara auf der Peachtree Street mit heißen Ohren die große Welt erblickte, Rhett Butler, der galante Schieber, mit dem Krieg gegen die Yankees Geschäfte machte und General Sherman schließlich die Stadt niederbrannte, so daß nichts mehr davon übrigblieb.

Historisch verbürgt ist lediglich Shermans verheerender Sieg. Die beiden anderen Gestalten, die einem universalen Publikum eine fortwirkende Vorstellung vom alten Atlanta vermittelten, waren Margaret Mitchells Roman entsprungen und dann im Film „Vom Winde verweht“ ein für allemal mit den Gesichtern von Vivien Leigh und Clark Gable verschmolzen. Die Peachtree Street , erst mäandernder Trampelpfad am Chattahoochee-Fluß, dann Laufsteg für die „Southern Belles“ in Krinolinen, ist immer noch Mode- und Einkaufszentrum. Doch die Kunden sind zu einem guten Teil die Enkelinnen von Scarletts schwarzen Hausmädchen. Wie es die Werbeplakate verlangen, geben sie ein Vermögen aus für Kleider, Kosmetik und Haarentkräuseler.

Regiert wird Atlanta unterdessen von einem schwarzen Bürgermeister: Andrew Young, einst Jimmy Carters Botschafter bei den Vereinten Nationen. Das Enfant terrible mit der losen Zunge und den guten Kontakten zur PLO ist daheim ein populärer Mann. Derselbe Young, der als selbsternannter Fürsprecher der Dritten Welt oft genug die erste und zweite Welt irritierte, hat zu Hause nicht den Ruf des „Black Power"-Rebellen, sondern des geschickten Vermittlers. Daß in Atlanta das Verhältnis der weißen und schwarzen Amerikaner zueinander entspannter ist als zum Beispiel in Alabama oder Boston, ist auch sein Verdienst.

Als er im Januar 1982 als Wunschnachfolger von Atlantas erstem schwarzem Bürgermeister Maynard Jackson vereidigt wurde, suchte „Andy" zielstrebig den Kontakt zum weißen Business. In der City von Atlanta haben die Schwarzen zwar als Zweidrittelmehrheit unter 430000 Einwohnern die politische Macht. In Großatlanta mit den Vororten ist das Verhältnis unter insgesamt zwei Millionen Einwohnern aber gerade umgekehrt: zwei Drittel Weiße, ein Drittel Schwarze. Wer immer im Rathaus regieren mag, hat zu bedenken, daß die wirtschaftliche Macht in Atlanta „weiß" ist. Entscheidungen mögen im „Cherokee Town Club" fallen, wo die statusbewußte Oberschicht einen ihrer informellen Treffpunkte hat. Dort hätte Rhett Butler wegen seines zweifelhaften Rufes auch in Notzeiten keinen Einlaß gefunden. Die Aufnahmegebühr von fünfzehntausend Dollar sorgt, wie es ein Einheimischer ausdrückte, unverändert dafür, daß „trotz des Namens keine Indianer Mitglieder werden".

Young gewann allmählich das Vertrauen skeptischer Manager und sorgte mit mehr oder minder sanftem Druck für eine Beteiligung schwarzer Geschäftsleute bei Großprojekten wie dem Flughafenausbau. Sein Sinn für das Praktische machte Young bei militanten schwarzen Gruppen eher verdächtig. Der Vorwurf, er kungele lieber mit den Reichen, als sich um die schwarzen Armen der Stadt zu kümmern, verfing jedoch im Wahlherbst nicht. Seine Gegenkandidaten, darunter ein Reifenhändler, ein Privatdetektiv und ein Komiker, hatten keine Chance. Youngs Motto für Atlanta „Too busy to hate" (Zu geschäftig, um zu hassen) setzte sich durch.

Für schwarze Amerikaner ist Atlanta ein besonderer Ort. Traditionelle Heimat einer dünnen „schwarzen Aristokratie" und der ersten schwarzen Dollar-Millionäre der Vereinigten Staaten, ist es zugleich in den sechziger Jahren Hauptquartier und Nervenzentrum der Bürgerrechtsbewegung geworden. Martin Luther King Jr. – in Memphis (Tennessee) erschossen – prägte den Geist und die Form des gewaltlosen Protestes. Andrew Young, aus dem kosmopolitischen New Orleans stammend, war damals als Student nach Georgia eingewandert. Dort fand er eine gut ausgebildete schwarze Mittelklasse vor, aus deren Reihen zahlreiche Führer des „Civil Rights Movement“ hervorgehen und später in die nationale Politik überwechseln sollten: Söhne von Ärzten, Lehrern, Rechtsanwälten und vor allem von Geistlichen.

Für eine halbe Million Einwohner stehen im Stadtkern von Atlanta tausend Kirchen und Bethäuser zur Verfügung. Southern Baptists, Methodisten, Presbyterianer. Eigentlich stünden die konservativen schwarzen Baptisten, bei denen Religion und Familie obenan in der Werteskala rangieren, näher bei den Republikanern als bei den „liberalen“ Demokraten. Aber abgesehen von der Sozialpolitik sind es gewöhnlich die scharfen Auseinandersetzungen um Themen wie Apartheid in Südafrika, die den Demokraten die schwarzen Stimmen sichern. In Washington mag mit politischem Kalkül das Verhältnis zu Pretoria bestimmt und gelegentlich unter internem Druck angepaßt werden. An einem Platz wie Atlanta, wo wenige Meilen außerhalb die Baumwollfelder mit schmerzhaften Erinnerungen beginnen und manch einer seinen Großvater auf alten Fotos noch als Sklaven ausdeuten kann, ist die Diskussion nicht abstrakt, sondern emotional-direkt. Wer fragt, warum immer wieder Südafrika die Innenpolitik der Vereinigten Staaten umtreibt, erhält in Atlanta einige bündige lokale Antworten.

„Sweet Auburn“ heißt das Viertel, in dem Martin Luther Kings Geburtshaus, seine Kirche und sein Grab nebeneinander stehen. Dies ist eigentlich eine schwarze Mittelklasse-Gegend. Doch Atlantas Bau- und Erneuerungsboom hat Sweet Auburn noch nicht gestreift. Die Nachbarschaft um die Jackson Street sieht nicht nach prosperierendem Fortschritt, sondern vernachlässigt und heruntergekommen aus. Gefegt, gemalt und wie ein konserviertes Schmuckkästchen dagegen das Haus, in dem der Pastorensohn am 15. Januar 1929 auf die Welt kam. Es steht unter Denkmalschutz, und Jessica vom „National Park Service“ führt eine Gruppe schwarzer und einen weißen Besucher durch beide Stockwerke. King Jr. wuchs in einer intakten Familie, in fröhlicher Umgebung heran. „Am Sonntag wurde gespielt, Klavier und Monopoly“, sagt Jessica. King Sr., als Pastor Vorgänger des Sohnes in der nahen Ebenezer-Baptistenkirche, hatte eine unterhaltsame Ader. Zwischen Predigtvorbereitung und Chorgesang waren Gäste allzeit willkommen.

„Free at last“ heißt die Inschrift auf dem weißen, vom Wasser umspülten Marmorsarkophag, in dem der 39 Jahre alte Friedensnobelpreisträger 1968 beigesetzt wurde. In einem Museum gegenüber ist seine persönliche Habe ausgestellt: Bibel, Grammophon, Schreibzeug, Familienfotos und die dunklen Anzüge eines Mannes, der penibel auf korrekte Kleidung achtete. „In diesem Anzug“, so steht auf einem Schildchen, „wurde er niedergestochen“. Jenes Attentat hatte er überlebt.

Eingefaßt in die bunten Glasfenster ihrer Kirche sind die Porträts von Vater und Sohn als Ikonen präsent. „O ja, ich habe ihn gut gekannt. Er war ein sehr guter Prediger“, sagt eine Nachbarin. Sie ist auch recht zufrieden mit Martin Luther Kings Nachfolger Joseph Roberts, einem wortgewaltigen Geistlichen, dessen letzte Predigt am Sonntag vor der Bürgermeisterwahl sie auf Tonband aufgezeichnet hat. „Eine Stimme für unseren Erlöser“ ist der Titel. Pastor Roberts fand es angezeigt, die Politiker aus diesem Anlaß mit dem zwölften Kapitel des Johannesevangeliums zu konfrontieren. Vers 43: „Denn sie liebten das Ansehen bei den Menschen mehr als das Ansehen bei Gott.“

Macht, Profit und Prestige sind die Schlüsselbegriffe einer nahezu einstündigen Ansprache, die von einer animierten Schar Gläubiger mit Beifall, Zurufen und schallendem Gelächter verfolgt wird. Alle bekommen sie ihren Teil. Die Staatsbank, die auf ihre Geldstücke ausgerechnet schreibt „Auf Gott vertrauen wir“. Die Katholiken, die statt eines siegreichen Christus, der den Tod überwand, einen „Leichnam am Kreuz“ anbeten und die „Messe als Trauergottesdienst“ feiern. Andrew Young, der mit Versprechungen von „ein bißchen Arbeit und ein bißchen Geld“ schwarze und weiße Geschäftsleute „an den Haken zu bekommen“ versucht. Ronald Reagan, der „Yuppie im Weißen Haus“, der von Amerika als Nummer 1 predigt und mit seinem „Krieg der Sterne Schutz vor Angriffen von unseresgleichen“ sucht. Der Pastor ist unbeeindruckt: „Das ist ja zum Lachen. Wenn Gott will, dann läßt er die Erde zittern wie neulich in Mexiko.“

„Ich bin kein Republikaner und kein Demokrat. Ich bin Christ, und ich stimme für Jesus“, fährt Kings Erbe fort. Mit einer Predigt, die aggressive mit beruhigenden Tönen mischt, Selbstzweifel verbindet, belehrend, fordernd und voller Witz ist, gibt Joseph Roberts eine Vorstellung von dem, was fast jeder schwarze Reverend zur Unterhaltung und Erbauung sowie zum „Dampfablassen“ seiner Kirchengemeinde in diesem Teil Amerikas aufzubieten versteht. Er geißelt den „Polizeistaat“ Südafrika und wendet sich dann den Eheproblemen in der Nachbarschaft zu. Mögen Amerikas Schwarze in den Reagan-Jahren auch politisch unauffälliger und behutsamer geworden sein. Ihre Pastoren sind keineswegs ruhiger geworden. Ein ausländischer Kirchgänger in Atlanta erinnert sich noch an weit unverblümtere Kanzelreden und den Appell eines schwarzen Baptistenpredigers: „Zieht die eisernen Schuhe an, damit ihr kräftig zutreten könnt.“

Scarlett O'Hara hätte ihren Ohren nicht getraut. Dabei ist sie unvergessen. Ihretwegen kommen wesentlich mehr Besucher nach Atlanta als wegen Martin Luther King. Tausende fragen, wo Tara liege, das Herrenhaus ihres brauseköpfigen irischen Vaters mit den Plantagen, der Zedernallee, den weißen Säulen und dem Farbenrausch der Azaleen im Frühling. Enttäuscht erfahren sie, daß es Tara nie gegeben hat, außer in Margaret Mitchells Phantasie.

Das könnte sich aber bald ändern. Die Errichtung eines nostalgischen Parks wird erwogen mit der Filmfassade von Tara als Mittelpunkt. Die schwarze Regierung Atlantas zeigt einstweilen nur begrenzte Begeisterung für die Wiederbelebung einer epischen Fiktion aus den Ante-Bellum-Jahren, in welcher ihre Vorväter nur als Diener in Erscheinung treten. Aber sogar der japanische Konsul hat sich jetzt in dieser Sache zu Wort gemeldet und gesagt, mit „Vom Winde verweht“ müßte mehr unternommem werden. Er dachte dabei wohl vor allem an die Interessen der Gäste aus Nippon. Aber auch in Amerika geben ihm die Zahlen recht. Seitdem der Film als Videokassette zu haben ist, werden Verkaufsrekorde gemeldet. Das Buch erhält eine Fortsetzung aus fremder Feder. Atlantas beste Qualitäten sind herausgefordert – wo ein Traum ist, ist auch ein Entrepreneur.

FLORIDA

Frühlingsriten

Angenommen, alle transportfähigen deutschen Studenten würden jedes Jahr zu Ostern in Husum einfallen. Angenommen, sie hätten nichts anderes im Sinn, als tagsüber zu bräunen und zu prahlen und nach Sonnenuntergang Bier zu trinken, Mädchen zu jagen, Lärm zu machen und – bei Regenwetter – ihre Hotelzimmer zu verwüsten. Dies alles vorausgesetzt, gliche Husum in jedem Frühling Fort Lauderdale auf der anderen Seite des Atlantiks in Florida.

„Spring Break", eine Woche Freiheit von der Hochschule, ist ein amerikanisches Phänomen. Es begann in den sechziger Jahren, mit einem Kinofilm. Sein Titel hieß „Wo die Jungs sind". Und seitdem sind sie regelmäßig in Fort Lauderdale, wo die Lokalzeitung über ihre Frühlingsriten sorgfältig Buch führt und sie wahlweise mit Lemmingen oder Heuschreckenschwärmen vergleicht. Nicht alle kommen nach Fort Lauderdale, aber immerhin rund eine Million – auf fünf Jungs kommt ein Mädchen – mit einer halben Milliarde Dollar in den Taschen. Hier ist das Mekka der „Seniors", der erfahrenen „Springbreakers". Die „Juniors" versammeln sich an einem Strand weiter nördlich in Daytona. Sehr alte, gesetzte Semester zieht es sogar nach Miami Beach, das kräftig die Werbetrommel rührt und zur Erbauung einer Generation, die sich noch an die sechziger Jahre erinnert, das Gesangstrio „Peter, Paul und Mary" aufbietet. Sänger und Zuhörer haben eines gemein: längeres, schütteres Haupthaar.

Anders die Bilder in Fort Lauderdale. Muskulöse, kurzgeschorene Springinsfelde, ohne Politik im Kopf, zielstrebig mit Lust am Geldverdienen und auf dem besten Weg, „Yuppies" (junge Aufsteiger) zu werden. Um des nostalgischen Effekts willen plärrt gelegentlich zwischen Bruce Springsteen und „Madonna“ ein Tonband die „Beach Boys“ aus den Hotelfenstern. Am liebsten das eine Lied: „Es war alles fun fun, bis Daddy mir den Mercedes wegnahm.“

Die Hauptstraße A 1A, die Floridas Strände verbindet und im nahen Palm Beach in diskretem Abstand an den Villen der Millionäre vorbeiführt, ist in Fort Lauderdale Laufsteg für Attraktives zu Fuß oder im Automobil. Die Elvis-Presley-Epigonen sind endgültig den modischen Attributen von „Miami Vice“ erlegen. Jene „heißeste“ der amerikanischen Fernsehserien kleidet ihre Stars in ebenso teure wie zerknitterte italienische Leinenanzüge und setzt sie in schwarze Ferraris. Um wirkungsvoll mit der Bierflasche in der Hand aus offenem Coupé zu winken und beim Anblick jeden Rocks zu hupen, tut es zur Not auch ein schwarzer „Camaro“ oder ein „Firebird“.

Aus der Erfolgsgeschichte der New Yorker Prominentendiskotheken hat man unterdessen auch bis zu „Regines“ im Cocoanut Grove gelernt, daß man Gäste vor allem anzieht, indem man sie aussperrt und warten läßt. Nicht anders auf der A 1A in Fort Lauderdale, wo ein furchterregend kräftiger, garantiert unstudierter Türhüter nach unerfindlichen Kriterien seine Auswahl trifft. Wer hineingelangt, hat die Chance, im „Nassen-T-Shirt-Wettbewerb“ durch gekonnte Präsentation seines Oberkörpers hundert Dollar zu gewinnen. Das ist ein starkes Stück in einem durchweg puritanischen Land. Dazu gehört, daß nahezu alle Muskel- und Entblößungsspiele auf Männer beschränkt sind. Die Frauen haben nur freien Eintritt.

Im Gewoge der Harmlosen auf dem Trottoir bewegt sich die Polizei, um auf schwer haltbarem Posten für die Einhaltung der Gesetze zu sorgen, die Alkoholgenuß in der Öffentlichkeit verbieten. Die weniger Harmlosen, nämlich die ambulanten Rauschgifthändler und Zuhälter, sind auch in Fort Lauderdale daran zu erkennen, daß sie „overdressed“ sind: zu viele goldene Kettchen, Ringe, Cowboystiefel aus Schlangenleder. Die Hauptdelikte, die alljährlich Hunderte von Festnahmen und kurze Nächte in gut gefüllten Zellen zur Folge haben, sind Belästigung (ausgerechnet ein Yale-Student mußte wegen „Po-Kneifens“ Strafe bezahlen), Erregung öffentlichen Ärgernisses (Ursache: Mangel öffentlicher Toiletten) und unerlaubtes Biertrinken. Seit Florida das Trinkalter von neunzehn auf 21 Jahre heraufgesetzt hat, ist das Leben der „Springbreaker“ komplizierter geworden. Das gilt unter anderem auch für den neuen Polizeichef der Stadt Laurel Hill im Norden Floridas: Robert Hendry wurde kurz vor Ostern vom Stadtrat zum Sheriff bestimmt. Er ist erst neunzehn Jahre alt, darf nicht trinken und mußte schwören, seinen Altersgenossen kein Pardon zu geben.

Für „Springbreaker“ beginnt ein gelungener Tag mit einem Kater. Der Nebel lichtet sich beim Frühstück mit Cola und Doppelwhopper. Um diese Zeit hat die Müllabfuhr schon die Dosenberge und leeren Popcornschachteln aus den Rinnsteinen geräumt, die transportablen „Johns“ mit duftendem Desinfektionsmittel Marke „Kirschblüte“ ausgespült und den Strand gefegt. Dort lassen sich Harold und Mary dann in größter Hitze zu einem Schläfchen nieder, so lange, „bis die Haut auf dem Rücken weh tut“. Dann dreht sich Mary um, und Harold erhebt sich, um mit der Spiegelreflex „bikini shots“ zu machen, für die „kalten Tage daheim“. Zwischen Schnellimbiß, Boutique und Sonnenbrillenständen nehmen Pubertät, Frühlingsfieber und Bacchanal ihren Lauf. Grobheiten und Zärtlichkeiten wechseln abrupt. So erzählt ein Student aus Nordkarolina einem Fernsehinterviewer, wie ihm eine Kommilitonin aus Alabama einen Heiratsantrag machte und ihm damit zu einem „Alptraum“ verhalf. „Wir gingen ein paarmal zusammen aus, nichts Ernstes, und sie nahm einfach an, wir würden heiraten. Sie tat mir sehr leid, als sie anfing zu weinen. Aber sie war wirklich unrealistisch.“

Das Mädchen aus Alabama war eine Ausnahme. Die meisten, die von sorgenvoll-zögernden Müttern nach Florida entlassen werden, wollen „etwas über die Dinge des Lebens herausfinden“. Abschreckende oder aufreizende Parolen auf den T-Shirts sind nicht immer wörtlich zu nehmen. Das gilt auch für den populärsten Aufdruck auf Männerhemden: „Ich habe kein Problem mit dem Trinken. Ich trinke, falle um, schlafe – kein Problem.“

Gelegentlich mischen sich Tragik und Aufruhr in die massenhafte Koketterie, das tastende Aufschneiden und die absurden Mutproben. Es gibt Todesopfer beim „Spring Break". Sieben Studenten, darunter ein Mädchen, stürzten beim „Fensterln" und beim „Tabak-Weitspucken" von ihren Balkons. Sieben, die sich in trunkener nächtlicher Euphorie für Tarzan, Romeo oder Superman hielten, kehrten nicht an ihre Hochschulen zurück. Andere, aus Palm Springs in Kalifornien, kehrten mit Vorstrafen heim, als Buße für außergewöhnliche Straßenkrawalle. Überreizt und gelangweilt hatten einige Hundertschaften aus heiterem Himmel randaliert, Passantinnen die Kleider vom Leib gerissen und einer – zu kleinen – Polizeitruppe mit Steinen und Bierflaschen eine eintägige Straßenschlacht geliefert. „Wir hatten es einfach satt, immer nur zu studieren und unsere Eltern stolz auf uns zu machen", sagte ein Beteiligter zur Erklärung.

Doch die kurzlebigen Schlagzeilen aus Palm Springs werden dem „Spring Break" keineswegs den Garaus machen. Im nächsten Winter werden die Werber der Hotels, Gaststätten und Brauereien wieder an den Universitäten im Norden der Vereinigten Staaten ausschwärmen und mit Sonderangeboten, Gutscheinen, Rabatten und Sonnenhüten Kundschaft nach Fort Lauderdale, Daytona und Miami Beach locken. Zuvor werden sie nach Konsultation ihrer Versicherungsagenten die neuen Zimmerpreise festlegen. Jedes Jahr muß nämlich flexibel und prämienbewußt der sogenannte „Schadensfaktor" einkalkuliert werden. Mit ihrer Hotelrechnung bezahlen die stürmischen Gäste zugleich den pauschal antizipierten Vandalismus, die zerbrochenen Waschbecken, abgerissenen Tapeten, zertrümmerten Lampen und fußlosen Polstermöbel. Das ist der Zuschlag für eine Woche Spaß, während derer sich erwartungsvolle Halbwüchsige aus Ohio oder Pittsburgh zum ersten Mal verlieben und vielleicht zum ersten Mal das Meer sehen.

Die zweitbesten Zigarren kommen aus Little Havana

Ein zwölfjähriger Junge schrieb auf einer sonnigen Insel in der Karibik einen Brief an den amerikanischen Präsidenten Franklin Roosevelt. In holprigem Englisch trug er ein ganz spezielles Anliegen vor: „Mein guter Freund Roosevelt! Ich weiß nicht sehr Englisch. Aber ich weiß genug, um Dir zu schreiben. Ich höre gern Radio und bin sehr froh, weil ich gerade gehört habe, daß Du für eine neue ‚Periodo' Präsident sein wirst. Wenn Du willst, schick mir einen Zehndollarschein, grün, amerikanisch. Weil niemals, habe ich nicht einen Zehndollarschein, grün, amerikanisch gesehen. Ich hätte aber gern einen."

Der Junge hieß Fidel Castro. Sein Brief wurde unlängst in alten Akten des Washingtoner State Department entdeckt und von der Zeitschrift der amerikanischen Archivare veröffentlicht. Ob Roosevelt den Schein nach Kuba schickte, ist nicht bekannt. Inzwischen ist fast ein halbes Jahrhundert vergangen. Castro und seine kommunistische Insel sind noch immer knapp bei Kasse. Aber rund eine Million seiner Landsleute, die nach der Revolution aus Kuba flüchteten, haben seitdem in den Vereinigten Staaten viele Dollar – grün, amerikanisch – verdient.

Die Kubaner kamen und kommen in das nahe Florida. Sie ballen sich in Miami, wo sie inzwischen zahlenmäßig schon die Bevölkerungsmehrheit sind. Dort dominieren sie die Wirtschaft und stellen auch den Bürgermeister: Xavier Suarez, noch in Kuba geboren. In Miami wiederum ist „Little Havana" ihre erste Anlaufstelle, ihr Treffpunkt, ihr harter Kern. Der Vergleich mit San Franciscos „Chinatown" oder dem „French Quarter" in New Orleans hinkt. Klein-Havanna ist kein „Quartier Latin", weil es keine Minderheit beherbergt. Es ist vielmehr nach der Hauptstadt Havanna die zweitgrößte kubanische Stadt überhaupt und der wuselige Lebensmittelpunkt einer hispanischen Einwanderergruppe, die erfolgreicher ist als alle übrigen „Latinos" im Land der „Gringos" zusammengenommen.

Castro hat aus dem verschlafenen, unbedeutenden Miami eine Weltstadt gemacht. Unter den Metropolen der Vereinigten Staaten ist sie eine der glänzendsten und gewiß diejenige mit dem schlechtesten Ruf. Sie ist der Ort, an dem alles geht, das meiste durchgeht und niemand so leicht zugibt, von irgend etwas schockiert zu sein. Miami ist das Tor zu Lateinamerika und dessen Einkaufsparadies. Es ist Drehscheibe für honorige Kaufleute, Kreuzfahrttouristen, Waffenschieber, gestürzte Diktatoren, Rauschgifthändler und Fluchtgelder.

Alles, was über Miami in den Zeitungen steht, ist wahr. Wahr ist aber auch, daß Hunderttausende ehrlicher und arbeitsamer Immigranten Miami in einen prosperierenden Zufluchtsort verwandelt haben. Für die zweite Generation der Exilkubaner ist er schon „Heimat". Mit Phantasie und Energie, Ellbogen und Stehvermögen haben sie die alteingesessenen Schwarzen und andere ethnische Minderheiten rasch überflügelt. Zahl und Einfluß der weißen „Anglos" schrumpften angesichts des massiven Ansturms aus der Karibik. Wer heute in Miami Geschäfte machen will, tut gut daran, Spanisch zu lernen. Das Tempo der „Amerikanisierung" der Zugewanderten scheint nicht immer mit der „Hispanisierung" Südfloridas – in Sprache, Kultur, Küche und behaupteter Eigenart – Schritt zu halten. Auf der „Calle Ocho", der Hauptstraße und Lebensader von Klein-Havanna, sind gelegentlich Schilder zu entdecken mit der Aufschrift „Hier wird Englisch gesprochen".

Der Exodus nach Miami begann im Jahre 1959. Zuerst kamen die „Batistas", Anhänger des kubanischen Diktators, die viel zu verlieren hatten. Nach der Revolution folgte zu Beginn der sechziger Jahre die erste große Welle, darunter zahlreiche durch das „sozialistische Experiment" entmutigte Anhänger Castros. Man nannte sie „La Nata", die Creme. Sie repräsentierten die kubanische Oberschicht: Akademiker, Ärzte, Anwälte, Bankiers und Geschäftsleute. Sie brachten, wenn möglich, ihr Vermögen mit, auf jeden Fall aber eine solide Ausbildung. „La Nata" legte den Grundstock für das „Wirtschaftswunder" der Exilkubaner. Als in den nächsten Jahren Teile der kubanischen Mittelschicht (Facharbeiter, Lehrer) auswanderten oder unter abenteuerlichen Umständen flüchteten, fanden sie in Miami schon eine Infrastruktur vor.

Miamis Wirkung als lockende „kapitalistische" Versuchung vor Castros Haustür wurde nicht schwächer. In den siebziger Jahren verlor Castro zigtausende Arbeiter. Sie zogen einen neuen Anfang unter schwierigen Bedingungen der monotonen Verelendung zu Hause vor. Ihren Höhepunkt erreichte die Abwanderung dann im Jahr 1980 mit den „Marielitos". Aus dem kubanischen Hafen Mariel wurden 125000 Ausreisewillige von einer aus Miami ausgelaufenen „Freiheitsflotte" nach Florida gebracht. Unter ihnen waren 5000 Geisteskranke und Verbrecher, die Castro aus seinen Gefängnissen und Anstalten zur Mitfahrt in die Vereinigten Staaten gezwungen hatte.

Zwei Jahre lang herrschte daraufhin in „Little Havana" der Ausnahmezustand. Raub und Mord, Messerstechereien und Überfälle, Bandenterror und Bandenkriege waren an der Tagesordnung. Während sich das Gros der „Marielitos" integrierte, landete der „Abschaum" (Castro) schließlich im Bundesgefängnis in Atlanta. Revoltierende Häftlinge versuchten immer wieder eine Rückführung nach Kuba zu verhindern. Die Regierung in Washington hatte ein entsprechendes Arrangement mit Castro ausgehandelt. Die meisten kubanischen Verbrecher wollten aber lieber in einem amerikanischen Gefängnis bleiben als heimkehren. Die Abwanderung „unzufriedener Elemente" von der Zuckerinsel geht weiter. Washington und Havanna vereinbarten vor kurzem, daß die Vereinigten Staaten von nun an wieder jährlich bis zu 20000 Auswanderer und politische Häftlinge aus Kuba aufnehmen werden.

Die meisten von ihnen werden nach alter Tradition zunächst in Klein-Havanna Arbeit und Unterkunft suchen. Sie werden dabei auf die Solidarität derer zählen, die vor ihnen ankamen und aus dem einst heruntergekommenen Stadtteil einen lebhaften Basar gemacht haben. Auf der 8. Straße braucht kein „Cubano" seine Gewohnheiten zu ändern. Der „cafecito" ist ein starkes Gebräu und nicht ein wässeriger „American coffee". In der „Casa Juancho" oder im „Centro Vasco" wird spanische Paella oder „Christen und Mauren" (weißer Reis mit schwarzen Bohnen) gekocht. Sogar MacDonald's örtliche Enklave serviert seine „Hamburguesas“ in einem Schnellimbiß, der architektonisch wie eine Mischung aus Alhambra und Hazienda aussieht.

Neben Essen und Trinken spielen Religion und Politik ihren Part. Die „Botanicas“ verkaufen aromatische Tränke, die Flüche bannen und betörende Wirkungen auslösen sollen. Madonnen und Heiligenfiguren blicken zusammen mit den Attributen der Scharlatanerie aus den Schaukästen. Die „Santeria“, ein afrokubanischer Kult mit Tieropfern, verbindet sich mit dem katholischen Glaubensbekenntnis. Der „Carneval“ von Miami führt in den ersten Märzwochen spanische Flamencotänzer, Jongleure, Feuerschlucker, Werber für die Republikanische Partei und eine Million Zuschauer zusammen. Klein-Havanna bewegt sich im Rhythmus der „salsa“. So trug sich der „größte Karneval nördlich von Rio“ in das Guinnessbuch der Rekorde mit der längsten „Conga-Schlange“ in der Geschichte der Menschheit ein.

„Calle Ocho“ hat seine schäbigen Seiten. Der „Maceo-Park“ gehörte einst den Dominospielern und Verschwörern, die zwischen den Partien alle nur denkbaren Modelle für Castros Sturz diskutierten. Der Pavillon, in dem ein Schild „politische Streitereien und Geldspiel“ verbot, ist eingezäunt und mit Sperrholz vernagelt. „Winos“, Wermutbrüder, hatten ihn zu ihrem Treffpunkt erkoren und die konterrevolutionären Anlieger vertrieben. Ein paar hundert Schritte entfernt schmücken frische Blumen das Denkmal für die „Märtyrer der Angriffsbrigade 2506“, die am 17. April 1961 unter Anleitung der CIA in der „Schweinebucht“ in ihr Verderben rannten. Weiße und blaue Dahlien sind zusammen mit roten Rosen zu einer amerikanischen Flagge gesteckt. Die fünfzig Sterne sind aus Silberpapier.

Die Militanz der Exilkubaner hat, wenn schon nicht in der antikommunistischen Rhetorik, so doch in der Praxis spürbar nachgelassen. Auch „Alpha 66“, jene paramilitärische Truppe, die gelegentlich im Kampfanzug in den Everglades die Invasion Kubas probt, erschreckt weniger Castro als vielmehr die Ranger der amerikanischen Parkpolizei. Die jüngere Generation richtet sich darauf ein, Amerikaner zu sein. Die

Älteren träumen noch gelegentlich von der Rückkehr, haben inzwischen aber zur Sicherheit in Klein-Havanna eine Straße nach Ronald Reagan benannt.

„El Credito“ ist ein Symbol für die sich wandelnden Zeiten. Noch dreht dort ein schwarzer Kubaner mit einer grünen Baseballmütze Zigarren. Er glättet, preßt, rollt und schneidet, wie er es vor vielen Jahren gelernt hat. Dann stapelt er seine „Havanas“ zu akkuraten Häufchen und nimmt zwischendurch selbst einen Zug. Rechts und links des Stapels brennen gleich zwei Zigarren, eine dunkle und eine blonde. Sein Nebenmann raucht nicht bei der Arbeit. Aber ein Aufkleber auf dem langen Holztisch appelliert an die Kunden: „Bitte hört nicht auf zu rauchen.“

Strenggenommen sind diese Zigarren keine „Havanas“, eher echte „Miamis“ und damit die zweitbeste Wahl. Ernesto Perez Carillo, der Besitzer von „El Credito“, spricht über die feinen Unterschiede wie ein Winzer über Trauben, Boden und Klima. Er bezieht seinen Tabak aus Südamerika. Er sei erste Qualität, aber nicht der unvergleichliche aus Kuba. Die Manufaktur ist ein freundlicher, ungesunder Anachronismus im Herzen von „Little Havana“. Ernesto ist mit seinem Dutzend Angestellten der Erbe einer sterbenden Zunft. Die Löhne für diese Art Handarbeit sind zu hoch in Miami. Ernestos Sohn soll nach dem Willen des Vaters daher auch nicht mehr Zigarren drehen, sondern Rechtsanwalt werden. Die Herstellung der „Exil-Havanas“ muß aus Kostengründen wohl bald in die Dominikanische Republik ausgelagert werden. Das wäre ein gutes Stück näher an Kuba. Aber wenn dies erst einmal soweit ist, dann raucht vielleicht schon niemand mehr drüben in Nordamerika.

Hemingways Katzen

Marlene Dietrich und Miss Bacall sind schwanger. „In beiden Fällen wird Humphrey Bogart verdächtigt“, sagt Tracy. Die Rede ist von Ernest Hemingways Katzen in Key West. Sie bevölkern auf ihre Weise das Haus des Schriftstellers in der

Whitehead-Straße Nummer 920. Sie liegen auf dem Vordach des Studios, in dem er zwischen ausgestopften Kudu-Köpfen die meisten seiner besten Bücher schrieb. Sie liegen auf der Veranda im ersten Stock, wo nach Einbruch der Dämmerung keiner mehr die Daiquiris zu zählen vermochte. Sie liegen zwischen Palmen und dem großen bengalischen Feigenbaum auf jedem Gartenstuhl, jedem Tisch, jeder Bank. Sie blinzeln die steinernen Elefanten an, die den teuren Salzwasserpool einfassen. Ihn hatte Pauline Hemingway als Überraschung ausheben lassen. Der nur mäßig dankbare, geizige Heimkehrer ließ als Menetekel seinen „letzten Penny" in den Zement eingießen.

Hemingways Katzen – derzeit zweiundvierzig ausgewachsene – streifen um das Hausmeisterhäuschen, in dem man nach dem Selbstmord des Schriftstellers einen Safe entdeckte. Darin fand sich, nach der Sprengung, das Manuskript von „Inseln im Strom" zusammen mit der Kombination. „Die Tiere sind eine lebendige Erinnerung" sagt Tracy, die Begleiterin durch ein offenes Haus. Sie sind keine billigen Kostgänger, sondern fressen für hundert Dollar pro Woche. Jede hat, wie damals, einen berühmten Namen. Allesamt sind sie Abkömmlinge von „Papas" Lieblingen. Nicht alle, aber eine Menge, darunter Dietrich, Bacall und Miss Hepburn, haben Pfoten mit sechs Zehen. Dies gilt als Ausweis besonders tüchtiger Mäusefänger. Mrs. Bernie Dixon, der das Haus jetzt gehört, hat es, als ihr die anklopfenden Literaturpilger auf die Nerven gingen, als Museum freigegeben. Sie verschickt die Katzenkinder an Interessenten in die ganze Welt. Es gibt eine Warteliste.

Das Anwesen ist unverändert die Attraktion des modernen Key West und zugleich eine entrückte Oase. Die Verhältnisse haben sich geändert seit den dreißiger Jahren, als Hemingway es inmitten der Depression erwarb und die Hausangestellten noch billig waren. Obwohl sie ihre Gäste nie zum Essen und Schlafen einluden, sondern immer in einem Hotel unterbrachten, beschäftigte das Schriftstellerehepaar fünf Schwarze. Ein angehender Schriftsteller und Tramp, der den Meister am südlichsten Zipfel der Vereinigten Staaten aufsuchte, bekam einen Job für einen Dollar am Tag. Dafür hatte er die neue Jacht, Schmuckstück der Keys und des Golfs, zu bewachen.

Key West ist Kuba näher als jeder andere Teil der Vereinigten Staaten, ganze neunzig Seemeilen. Auf der Insel, auf die Hemingway von hier übersiedelte und später einen Katzenfriedhof mit neunundvierzig Gräbern hinterließ, regiert immer noch sein alter Bekannter und Leser Fidel Castro. Mit kraftvoller Ausstrahlung sendet „Radio Reloj“ seine Version der Nachrichten für alle Spanischsprechenden in dieser Gegend, darunter die Flüchtlinge, die es besser wissen. Sie erfahren, daß „Genosse Fidel soeben auf dem Parteikongreß in Moskau eine große Rede gehalten hat“, daß „Nicaragua im Würgegriff des Yankee-Imperialismus nicht wankt“ und daß die Arbeitsmoral der Werktätigen weiter vervollkommnet werden muß“. Die Exil-Kubaner nehmen an, daß es mit der Arbeitsmoral nicht weit her sein kann, wenn sie vervollkommnet werden soll.

Eine Drehung von „Radio Reloj“ zu „Radio Marti“, auch „Radio Reagan“ genannt. Es ist Stachel im Fleisch der kommunistischen Partei drüben und für Castro ein Ärgernis. Wegen ihm weigerte er sich eine Zeitlang, die Verbrecher und Geisteskranken aus Florida zurückzunehmen, die er mit der Freiheitsflotte der „Marielitos“ in die Vereinigten Staaten schickte. Radio Marti – Redaktion in Washington, Verstärker auf den Keys – ist der nordamerikanische Gegenschwung zum kubanischen Staatsrundfunk mit lauter unerwünschten Meldungen, Seifenopern, über die kein Funktionär lachen kann, aber im Prinzip mit derselben populären Musik.

Key West mit seinen vierzigtausend ständigen Einwohnern beherbergt seit Jahrzehnten eine kleine kubanische Gemeinde. Zwischen der einen Million Touristen, die alljährlich vom Festland herüberreist und die „Winterbevölkerung“ des Städtchens auf hunderttausend erhöht, fallen sie nicht besonders auf. Sie müssen schon ein bißchen kämpfen für ihre Eigenart, ihre Kultur und neuerdings für das San-Carlos-Opernhaus, das die „Anglos“ am liebsten für sich mit Beschlag belegen würden. Der Streit ist kompliziert und historisch. Als die Zigarrenindustrie auf der Zuckerinsel noch außerhalb der Grenzen Gutes tun wollte, wurde das San-Carlos-Institut gebaut, um das Hispanische zu pflegen. Auf Zwischenstation nach Havanna gastierten Enrico Caruso und Anna Pawlowa. „Technisch" gesehen, gehört das Opernhaus der kubanischen Regierung. Sie hat derzeit aber keine diplomatischen Beziehungen mit den Vereinigten Staaten, und es ist müßig, zu fragen, was geschähe, wenn sie ihren Anspruch anmelden würde – vielleicht beim Internationalen Gerichtshof in Den Haag.

Frühstück bei Ambrosia im Café „Coffee Queen". Hinter der Bar hängt eine Landkarte mit dem Aufkleber „Kuba – mein Herz, mein Leben". Die Besitzerin kam schon 1958, also vor der Revolution, nach Key West und blieb. Seitdem ist sie siebenmal zu Verwandtenbesuch zurückgereist. Sie berichtet von den kleinen Schikanen drüben, dem gierigen Griff der Staatsbürokratie in die Taschen der Devisenbringer. „Warum muß einer, der am anderen Ende von Kuba Familie hat, während des ganzen Aufenthalts für ein Hotel mit Vollpension in Havanna bezahlen?" Sie serviert „kubanischen Kaffee", nicht das amerikanische Zuckerwasser, Tortilla und öffnet für einen Frühaufsteher ein kaltes Bier. „Es ist eine Schande, einer spioniert den anderen aus", sagt sie. Es ist sieben Uhr morgens, und sie singt ein Kinderlied, in dem von Freundschaft, Loyalität und Aufrichtigkeit die Rede ist. Sie schämt sich der „Marielitos", die „drüben in Miami Beach die alten Leute überfallen", und fährt sich durch das Haar: „Schau nur her, ich bin blond, wie die Spanier."

„Sloppy Joe's Bar" in der Duval-Straße (mit Filzstift hat ein Witzbold „Duvalier" auf das Schild geschrieben) ist eine Touristenfalle mit lärmiger Musik und kostenlosen Bierdekkeln mit dem Konterfei von Ernest Hemingway. Der berühmteste Gast des Etablissements muß für die Werbung herhalten. Vieles hat sich verändert, seit der Autor hier am Tresen seine dritte Frau, Martha Gellhorn, kennenlernte und den Wirt zum Vorbild für seinen Rumschieber Harry Morgan in „Haben und Nichthaben" machte. Der Schnaps- und Zigarettenschmuggel spielt keine Rolle mehr. Anders ist es mit dem Menschenschmuggel aus Haiti und Zentralamerika. Aus Kuba lassen sich wagemutige Flüchtlinge in Autoreifen herübertreiben und überleben nicht immer Castros Küstenwache, die Haie und den Sonnnenbrand. Das große Geschäft ist freilich das Rauschgift. Rick, eine Zufallsbekanntschaft vor „Sloppy Joe's", arbeitet für die amerikanische Küstenwache und hat drei freie Tage. Vier Wochen war er zwischen Haiti und Kuba gekreuzt, um Kokain- und Marihuana-Boote zu fangen. „Es gibt hier zu viele Inseln, zu viele Strände, zu viele Verstecke."

„Traum eines Soziologen" nennt ein Einheimischer die vier Quadratmeilen des Städtchens Key West. In den Nachkriegsjahren waren homosexuelle Schriftsteller, allen voran Tennessee Williams, von der subtropischen Insel in der Karibik angezogen worden. Im „Red Barn Theater" werden die Williams-Dramen aufgeführt, Dichterlesungen gehalten und Erinnerungen gepflegt. Als atlantisches Gegenstück zu San Francisco legen homosexuelle Künstlergruppen in Key West das Gewicht auf ihren Poeten als Kontrastprogramm zum „Macho" Hemingway.

In den sechziger Jahren waren die „Blumenkinder" gekommen. In der zweiten Hälfte der achtziger Jahre scheint Key West die Zuflucht der letzten Hippies. Ihre Auftritte sind freilich – Amerika fordert seinen Tribut – inzwischen etwas kommerzialisiert. Miguel ist noch einer der „ehrlichen" Schnellporträtmaler, der auf dem Montparnasse gelernt hat. Ein junger Deutscher, der in Mexiko Silberschmied wurde, verkauft hier seine Gesellenstücke. Zwischen Zimtstangen und Taschendieben, Dudelsackbläsern und Jongleuren, Feuerschluckern und einer gepuderten „griechischen Statue" singen auf dem Old Mallory Square die Alt-Hippies fast verlegen politische und Liebeslieder. Ein Rastafari mit einem Sack voller Kleinkram trägt ein Schild um den Hals: „Bilder von oder mit mir ein Dollar."

Wie vor ihnen John Dos Passos und Harry Truman zieht es jeden Besucher am Ende des nordamerikanischen Kontinents zum Sonnenuntergang auf den Mallory Square, Trommeln, Gitarrenspiel und süßlicher Rauch. Ist es ein geglückter Sonnenuntergang, halten die Mimen und Kleinkünstler kurz inne, und gedämpfter Beifall für das Naturschauspiel kommt auf. Die besten Plätze haben indessen die Marinesoldaten. Der größte Teil der Westecke von Key West gehört der Navy.

Tony Taracino ähnelt dem Schriftsteller und Lebenskünstler Charles Bukowski. „Captain Tony“, ehemaliger Bootsverleiher und Lokalpolitiker, besitzt Sloppy Joe’s „originale und erste Bar“, nur zwanzig Schritte von der anderen entfernt. Einmal wollte der siebzigjährige eingewanderte Nonkonformist aus New Jersey Bürgermeister von Key West werden. Sein Programm hieß Baustopp für eine Insel, die noch den ganzen Charme englischer, spanischer und holländischer Architektur hat, aber Gefahr läuft, ihre Sonnenuntergänge mit Apartmenthäusern zu verstellen. Der unkonventionelle Teil der Wähler stimmte für den Wirt, der so atemlos über Operationen der CIA gegen Kuba und die Taten fremder Söldner im Haiti von „Papa Doc“ und „Baby Doc“ zu erzählen weiß. Auch der Sänger Jimmy Buffet, der ihm den Titelsong seines letzten Albums „Die letzte Mango von Paris“ widmete, machte Reklame für den Kapitän. Doch nachdem die Abstimmung durch einen Wirbelsturm verzögert worden war, unterlag er um ganze 52 Stimmen einem einheimischen Bankier. Dieser hatte gebührend darauf hingewiesen, daß er ein gebürtiger „Conch“ sei. Der neue Bürgermeister von Key West heißt seitdem Tom Sawyer.

In diesem Frühling sind fast mehr Reisende mit Ferngläsern als mit Fotoapparaten von Miami über den aufgeschütteten Damm auf die letzte der Inselkette gekommen. Es ist der beste Ort in den Vereinigten Staaten für alle, die nach dem Halleyschen Kometen Ausschau halten wollen. Von Miami dauert die Autofahrt über Key Largo, Marathon und Islamorada knapp vier Stunden. Bei Meilenstein 100 führt eine Abzweigung zum Original von Hollywoods „African Queen“, die wie Harry Morgans Schiff einmal von Humphrey Bogart befehligt wurde. Das seichte Wasser des Ozeans ist türkisfarben. Die Straße schwingt über Brücken, vorbei an Häusern auf Stelzen, die leicht von einem Hurrikan weggeblasen werden. In Staffeln gleiten gefräßige Pelikane über den Ozean. Ein kranker Vogel stakst, wie in einem vom Hemingways Romanen, über den Strand. Er hat einem Angler aufgelauert und ihm im Flug seinen Fang geraubt. Mit der Beute hat er den Haken verschluckt.

LOUISIANA

Endstation Sehnsucht

„Taschendiebe“ war das erste, was der Dame im Reisebüro zu New Orleans einfiel. „Binden Sie Ihre Kreditkarten an das Bein“, empfahl sie. Dann griff sie nach den Prospekten, in denen von solchen Fährnissen nicht die Rede war. Sie handelten von kreolischen Schönheiten, alten Häusern mit schmiedeeisernen Fenstergittern, Kastanienbäumen und spanischem Moos, Jazz und geschwärztem Katzenfisch aus der scharfgewürzten Cajun-Küche. Die Dame war alt genug, um noch ein paar persönliche Erinnerungen zu dem „heißen Pflaster“ im Mississippi-Delta beizusteuern: an Fats Dominos Bluesstimme, Louis Armstrongs aufgeblasene Backen und den unvergleichlichen Marlon Brando im verschwitzten Unterhemd aus Hollywoods „Endstation Sehnsucht“.

Sie hatte recht. Dies alles ist New Orleans und mehr. In der amerikanischen Kriminalstatistik spielt es gar keine rühmliche Rolle. Halb schwarz und eine der ärmsten unter den Großstädten der Vereinigten Staaten, ist die etwas verwitterte Southern Belle ein Ort, an dem man sich öfters umschaut – nach hinten. Sogar für einen Besuch auf den berühmten Friedhöfen wird Wachsamkeit angeraten. Die Zunft der Langfinger, die einen vollkommenen Vormittag bei Beignets und Milchkaffee im Café du Monde ruinieren kann, ist dabei ein eher gewaltloser Teil im Panorama dieser unamerikanischen Stadt. Wer schon in Barcelona oder Nizza ausgeraubt wurde, würde hier keinerlei Unterschied feststellen. Auch sonst ist New Orleans enger mit ihren französischen und spanischen Schwestern verwandt als mit Boston oder Kansas City.

Im August ist New Orleans ein tropisches Treibhaus, grün,

wolkenverhangen, voller Ahnungen eines Hurrikans. Als Reiseziel ist es um diese Jahreszeit so anziehend wie Reykjavik im November. Den Taschendieben ist das einerlei. Wenn sie nicht gerade ihre Ferien in den kühlen Rocky Mountains oder beim Hummer in Maine verbringen, freuen sie sich auf jede Konferenz, die Politiker, Geschäftsleute und Medienvertreter in das opulente neue Kongreßzentrum bringt.

Die Bewohner von New Orleans sind gleichmütige Patrone. Sie geraten, außer während des Mardi Gras im Frühling, nicht so leicht aus dem Häuschen. Zu ihrem Wesen gehört es, das Leben wie ihren Karneval erregend zu finden, sich dabei aber nicht aufzuregen. Der Spitzname „The Big Easy" drückt die Haltung trefflich aus. Genuß ohne Eile und der Hang, Fünfe gerade sein zu lassen, sind die besten Voraussetzungen, um den August ohne Herzflimmern zu überstehen. Auch während des übrigen Jahres ist New Orleans erfrischend eigenartig in seiner nichts überstürzenden Laszivität und seinem trägen Selbstbewußtsein.

Walter Percy, der Schriftsteller aus Louisiana, beschrieb seine Mitbürger ohne Schmeichelei: „In New Orleans habe ich bemerkt, daß die Leute am glücklichsten sind, wenn sie zu Beerdigungen gehen, Geld machen und am Mardi Gras Masken aufsetzen, so daß niemand weiß, wer sie sind." The Big Easy ist keine Hochburg der protestantischen Arbeitsethik. Schließlich wurde es auch nicht von puritanischen Pilgervätern erbaut, sondern von flüchtigen Franzosen. Die Engländer hatten die Acadier aus Kanada vertrieben. Sie siedelten als Bauern in den Bayous und wurden fortan Cajuns geheißen.

Gegründet im Jahr 1718 und dabei buchstäblich in den Sumpf der Mississippi-Mündung gesetzt, wuchs New Orleans um das Vieux Carré. Auch für die moderne Halbmillionenstadt ist jener alte Kern, French Quarter genannt, noch immer der Mittelpunkt für Musik und Sünde, Souvenirs und frische Austern. Die „Times-Picayune", das Lokalblatt, versuchte zu erklären, was die Stadt vom restlichen Amerika unterscheidet: „Die Engländer und ihre Vettern, die Yankees, waren auffallend abwesend, bis die Stadt schon hundert Jahre alt geworden war und ihre kulturellen Besonderheiten Wurzeln geschlagen hatten. Es fehlt ihr auch jener idealistische Zug, der so vieles in Amerika prägt, jener unerschütterliche Glaube an die Perfektionierbarkeit des Menschen und an den historischen Fortschritt. An seine Stelle trat der erhabene Zynismus, der das mediterrane Temperament durchwirkt. Diese Weltsicht verbindet sich mit Sinn für Humor, Ironie und, nicht zu vergessen, mit ausgiebiger Toleranz. Selbstgerechtigkeit und moralische Entrüstung sind rar. Die menschlichen Schwächen werden akzeptiert, lächelnd und mit einem Augenzwinkern."

Die Barrieren zwischen den gesellschaftlichen Schichten und Rassen sind keineswegs verschwunden. Aber der Gegensatz wird durch größere Durchlässigkeit als anderswo im Süden gemildert. Die katholischen Einwanderer aus europäischen Mittelmeerländern hatten weniger Komplexe und Berührungsängste als die Anglos, wenn es um die Hautfarbe ging. Man mischte sich schon zu Napoleons Zeiten, als Louisiana noch französische Kolonie war, leichter mit den einströmenden Nachzüglern aus der Karibik und Mittelamerika. Die Yankees kamen dann zu Beginn des 18. Jahrhunderts. Präsident Thomas Jefferson hatte Napoleon Louisiana für fünfzehn Millionen Dollar abgekauft. Er hatte auf einen Streich ein Drittel des heutigen Territoriums der Vereinigten Staaten hinzuerworben und überdies die Kontrolle und Nutzung des größten Flusses auf dem Kontinent.

Mit den Yankees kamen die Sklaven, die Zuckerplantagen und der Ausbau des Hafens, kurz das Goldene Zeitalter für New Orleans. Für die „freien Farbigen" waren die „Nègres Americains" Ausländer, getrennt auch durch die Sprache. Sie zählten nicht zur kreolischen Aristokratie der Stadt, die Schwarz und Weiß und alle Schattierungen dazwischen duldete. In der Mitte des vorigen Jahrhunderts war New Orleans einer der wichtigsten Häfen und die viertgrößte Stadt der Vereinigten Staaten. Dann begann der langsame Niedergang. Zuletzt hat der Verfall der Weltmarktpreise für Öl und Erdgas, den Schätzen aus der nächsten Umgebung, eine spürbare wirtschaftliche Erholung verhindert. Auch die Weltausstellung im Jahr 1984 war ein finanzieller Mißerfolg. Sie sanierte zwar auf gefällige Weise die kolonialen Fassaden am Stadtufer des Mississippi, hinterließ zugleich aber eine Millionenschuld.

Baton Rouge mag die Hauptstadt von Louisiana sein. New Orleans ist jedoch der Pfau im Bibelgürtel. Hier dürfen sogar – undenkbar auf hunderte von Meilen – alkoholische Getränke auf der Straße konsumiert werden. Das Gesetz schreibt allerdings Plastikbecher vor und verbietet die Benutzung von Gläsern. Die Rechtsprechung von Louisiana gründet sich noch immer auf den Code Napoleon. Das wußte auch der proletarische Grobian Stanley Kowalski. „Alles, was der Frau gehört, gehört auch dem Mann und umgekehrt", schärfte er seiner jungen Frau Stella ein. Aber die erwartete Erbschaft kam nicht. Das Herrenhaus der vornehmen Familie DuBois, deren jüngste Tochter einen „Polacken" genommen hatte, war in die Konkursmasse aufgegangen. Der Bankrott entzog es Kowalskis Zugriff.

Tennessee Williams' Drama „A Streetcar Named Desire" spielt im Vieux Carré, in dem sich der Schriftsteller gut auskannte. Vor Ruhm und Reichtum arbeitete er dort im Jahr 1939 als Kellner und wohnte in der Toulouse-Straße 722 zur Untermiete. Damals muß er notiert haben, was er später Stellas schöner, alternder, schon leicht geistesgestörter Schwester Blanche in den Mund legte: „Sind sie nicht einfach bezaubernd, diese langen, regnerischen Nachmittage in New Orleans. Eine Stunde ist nicht bloß eine Stunde, sondern ein kleines Stück Ewigkeit, das einem in die Hände fällt. Und wer weiß schon, was er damit anfangen soll?"

Wem nichts Besseres einfällt, der kann für sechzig Cents einen Fahrschein lösen und mit der Straßenbahn die St. Charles-Avenue hinunterrumpeln. Auf der Prachtstraße von New Orleans verkehrt eine der letzten Straßenbahnen. Die „Desire" steht jedoch im Museum. Die Wagen von der Linie Sehnsucht wurden ausgemustert. Die Endstation kurz hinter Popeyes Hühnchenbraterei um dem Palmer-Park heißt ganz unromantisch Stopp 52.

MISSISSIPPI

In der Hitze der Nacht

In Mississippi, in der Hitze der Nacht, starben drei junge Männer im Kampf gegen die Apartheid in Amerika. Es war im Sommer des Jahres 1964, als der Schwarze James Chaney und die Weißen Andrew Goodman und Michael Schwerner nach Philadelphia kamen. Sie zählten zu den „Rittern der Freiheit“, Bürgerrechtlern aus dem Norden der Vereinigten Staaten, die im „tiefen Süden“ weiße Tabus verletzen, schwarze Wähler registrieren und gegen die Rassentrennung protestieren wollten. Im kleinen Philadelphia, das seiner großen Schwester in Pennsylvania und seinem griechischen Namen als „Stadt der brüderlichen Liebe“ keine Ehre machte, war gerade Mt. Zion, eine schwarze Methodistenkirche, niedergebrannt worden. Kapuzenmänner des Ku-Klux-Klans hatten außerdem einen Farbigen halbtot geschlagen. Schwerner, Goodman und Chaney wollten Nachforschungen anstellen. Am 21. Juni wurden sie wegen angeblicher Übertretung der Höchstgeschwindigkeit am Ortseingang festgenommen, später freigelassen und dann noch in derselben Nacht von einer Gruppe Einheimischer erschossen. Die letzte Frage, die Schwerner, der in der Gegend als „Judenjunge“ bekannt war und wegen seines Kinnbarts „Ziegenbock“ genannt wurde, hörte, war: „Bist du etwa ein Niggerfreund?“

Philadelphia im Frühling 1985 hat sich äußerlich kaum verändert. Schwarze und Weise leben im dem siebentausend Einwohner zählenden Städtchen noch immer in ihren Vierteln, auf ihre Art und ohne daß sich ihre Wege unnötig kreuzen. Der Stolz der Stadt, ein paar Schritte vom „strip“, der Hauptstraße mit ihren Geschäften, Kinos, Schnellimbissen und Friseuren, entfernt, ist die erste Baptistenkirche. Ihre

Besucher sind ebenso weiß wie der frisch getünchte Glockenturm. Dennoch liegen Welten zwischen damals und heute. In den zwanzig Jahren, die vielen in Mississippi wie zwei Jahrhunderte vorkommen, ist das Klima der Gewalt, des Hasses und der Lynchjustiz Schritt für Schritt einer friedlichen Koexistenz gewichen. Schwarze und Weiße leben nebeneinander her, lassen sich in Ruhe, schweigen mehr über alte Ressentiments und alte Geschichten und reden lieber vom allmählichen Heranwachsen einer neuen Einstellung. Die Zuckungen des Klans sind selten geworden, wenn der Besucher auch auf Verkehrsschildern am Gemeindefriedhof noch ein paar frische Hakenkreuzschmierereien und drei große K entdeckt.

Die schwarze Baptistenkirche Mt. Nebo hat keinerlei Chancen, jemals Stolz der Stadt genannt zu werden. Es ist eine kleine, geduckte Hütte zwischen anderen, die von großen Familien bewohnt werden. Das schwarze Viertel mit viel verwahrlosten Wellblechbaracken, aufgebockten Wohnwagen und neueren Zeugen des sozialen Wohnungsbaus, die sich anscheinend über Nacht in „instant slums“ verwandeln, sieht nach Wohlfahrt, Lebensmittelmarken und schläfriger Unordnung aus. Auf dem brüchigen Asphalt und den Staubstraßen um Mt. Nebo spielen Halbwüchsige Baseball mit leeren Bierdosen und sehen die Tage vergehen. Es könnte dies ein Dorf in Afrika sein, stünden nicht so viele gerade noch rollende amerikanische Automobile im Weg.

Auf ihre Weise ist Mt. Nebo dennoch der Stolz der Stadt. Vor der Kirchentür ist ein Gedenkstein für Chaney, Goodman und Schwerner mit emaillierten Porträtfotos und Blumensträußen aus Plastik. Ihre Leichen waren erst 44 Tage später in den Sümpfen außerhalb von Philadelphia entdeckt worden. Präsident Johnson hatte die Weisung gegeben, und Edgar Hoover hatte mehr als hundert FBI-Agenten zu einem Sondereinsatz ausgesandt. Erst fanden sie Schwerners verkohltes Auto auf einer Müllhalde. Einen Monat später gruben sie dann Schwerner und die anderen aus einem unlängst erst aufgeschütteten Staudamm aus. Er lag auf dem Grundstück eines Plantagenbesitzers, der den Ort „fröhlicher, alter Fleck“ getauft hatte.

Die Aufwartefrau der Baptistenkirche Mt. Nebo hat

Mühe, den Weg zu Mt. Zion zu erklären, jener schwarzen Methodistenkirche, die damals von einem überaus selbstbewußten Klan angezündet worden war, der seine Versammlungen öffentlich abhalten und dazu sogar den Sheriff einladen konnte. Die Frau versteht nichts von Stadtplänen und Landkarten und schwingt ihre Arme, wenn sie links und rechts sagen will. Doch sie weiß genau, wovon sie spricht, daß nämlich irgendwo draußen in den Wäldern, in Richtung Osten, vor dem wieder aufgebauten Gotteshaus Mt. Zion ein zweites Denkmal für Chaney, Goodman und Schwerner steht.

Heraus aus den Schlaglöchern des schwarzen Viertels, welches „Unabhängigkeit" heißt, über den „strip" von Philadelphia, wo es unterdessen fast als Selbstverständlichkeit auch schwarze Bankangestellte gibt, die Geld auszahlen dürfen. Hinter den Ladentheken arbeitet wieder oder noch immer der eine oder andere jener Männer, die damals angeklagt und verurteilt wurden oder auch nicht. Das FBI hatte 21 Tatverdächtige festgenommen. Die örtliche Polizei war nicht sehr kooperativ, weil der Bezirkssheriff und sein Stellvertreter in den Fall verwickelt waren. Beweisaufnahme und Zeugenbefragung waren schwierig. Es war eine Zeit weißer Jurys, die sich beim Verurteilen weißer Angeklagter vorsahen.

Die Prozesse vor Geschworenengerichten zogen sich jahrelang hin. Von seiten des Staates Mississippi gab es niemals eine Mordanklage. Schließlich kam es zu einem Prozeß wegen „Verschwörung" nach Bundesrecht. Von insgesamt 18 Angeklagten wurden acht zu Gefängnisstrafen zwischen drei und zehn Jahren verurteilt. Die meisten sind längst wieder zu Hause in Philadelphia oder im benachbarten Meridian. Cecil Price, der ehemalige Deputy von Sheriff Lawrence Rainey, saß sechs Jahre in einem Bundesgefängnis in Minnesota und ist jetzt Angestellter in einem Juwelengeschäft auf der Hauptstraße von Philadelphia. „Ich habe gar nichts zu sagen", erwiderte er einem Reporter, der nach zwanzig Jahren einfach einmal nachfragen wollte, wie es damals so war.

Ein verwittertes Schild weist vom Highway Nr. 16 auf Mt. Zion in die Wildnis. Nach zwei Meilen auf einem Lehmweg eine Gabelung. Ein alter Schwarzer schaukelt im Lehnstuhl auf der Veranda vor seiner Holzhütte. Über die steinernen Schwäne und Gartenzwerge in seinem Vorgarten blinzelt er in den Sommerabend. Er versteht das Englisch des Fragers genauso schwer wie dieser die gedehnten und verschluckten Wörter der Antwort: „Yessir, Mt. Zion ist gerade eben um die Ecke, Sir." Er will wissen, woher der Weiße komme, und wackelt unentschieden mit dem Kopf, als er „Deutschland" hört. Der zweite Versuch „aus Washington" ist erfolgreicher. Washington, da scheint der Alte sicher, gibt es wirklich. Die Methodisten, meist Feldarbeiter aus den umliegenden Plantagen, haben Mt. Zion im Wald wieder aufgebaut. Neben der Glocke auf einem mannshohen Eisengestell steht der zweite Gedenkstein mit der Inschrift: „Dieses Denkmal ist voller Gebete und Stolz der Erinnerung an James Chaney, Andrew Goodman und Michael Schwerner gewidmet, die ihr Leben gaben im Kampf für Menschenrechte für alle."

Die drei „Yankees", die vor zwanzig Jahren gekommen waren, um die Schwarzen in Mississippi an die Wahlurnen zu bringen, haben einen guten Teil ihres Zieles erreicht. Waren zu Beginn der sechziger Jahre knapp ein Prozent aller schwarzen Wähler registriert – sie machen rund ein Drittel von Mississippis knapp drei Millionen Einwohnern aus –, so waren es im November vergangenen Jahres fast siebzig Prozent. Zwei Weiße, Ronald Reagan und Walter Mondale, standen zur Präsidentenwahl. Im traditionell demokratischen Mississippi wählten neunzig Prozent der Schwarzen den Demokraten Mondale und fast ebenso viele Weiße den Republikaner Reagan. Wieder einmal, diesmal wegen einer nach Hautfarbe schillernden Abstimmung, zog Mississippi als der Staat mit dem höchsten Anteil Schwarzer bundesweite Aufmerksamkeit auf sich. Rasch kamen Zweifel, Verdächtigungen, Polarisierungsreden und die Frage nach der Solidität des Burgfriedens der Rassen im Süden auf.

Die Regel, daß Schwarze zwar gelegentlich für Weiße stimmen, Weiße aber so gut wie nie für Schwarze, gilt noch. Robert Clark, der im Jahr 1967 als erster gewählter Schwarzer in das Kapitol der Hauptstadt Jackson einzog, scheiterte im vergangenen November zum zweiten Mal bei dem Versuch, auch der erste schwarze Senator von Mississippi in Washington zu werden. Die weißen Anhänger seiner Demokratischen Partei verweigerten ihm die Zustimmung und wählten einen Republikaner. Im Staat Mississippi hat es gleichwohl einen gewaltigen Sprung zu politischer Partizipation der Schwarzen gegeben. Knapp eine Million Schwarze in Mississippi hatten noch im Jahr 1964 ganze sechs gewählte Repräsentanten. Jetzt sind es 430 – der höchste Anteil im Vergleich zu allen übrigen 49 Bundesstaaten. Dazu gehören zwei Staatssenatoren, achtzehn Mitglieder des Repräsentantenhauses in Jackson, 21 Bürgermeister, sechzig Friedensrichter und vier Sheriffs. Gouverneur Allain hat zwei schwarze Richter ernannt, eine Schwarze in sein Kabinett berufen und eine zweite in seinen Beraterkreis aufgenommen.

Für Mathematiker, die ausrechnen, daß Schwarze zwar 34 Prozent der Bevölkerung ausmachen, aber nur acht Prozent der Inhaber öffentlicher Ämter, mag diese Bilanz zu wünschen übrig lassen. Im Rahmen der politischen Mengenlehre von Mississippi nimmt sich das Resultat jedoch recht respektabel aus. Die Schwarzen sind im übrigen kein geschlossener Block. Es hapert mit der Solidarität. Auch in Bezirken, wo Schwarze allein Schwarze regieren, ist dies keinerlei Garantie für mehr Gerechtigkeit, größeren Wohlstand oder bessere öffentliche Moral. Im Gegenteil: Zum Schwarz-Weiß-Gemälde Mississippis gehört auch, daß sich eine lokale schwarze Verwaltung in Sachen Mißwirtschaft und Vetternwirtschaft mühelos mit weißen Vorbildern messen kann.

Percy Washington, der 32 Jahre alte Sohn eines Baumwollpflückers, möchte der erste schwarze Bürgermeister von Greenwood werden. Greenwood hat etwa vierzigtausend Einwohner und liegt mitten im reichen, flachen Delta, jenem fruchtbaren Landstrich, der sich von Memphis (Tennessee) im Nordwesten entlang des großen Flusses bis in die Mitte von Mississippi erstreckt. Greenwood hat eine knappe schwarze Mehrheit, welche Percy Washington keineswegs schon einen Wahlsieg garantiert. Der gebildete junge Mann mit den angenehmen Manieren steht vielmehr vor der doppelten Aufgabe, die Schwarzen für diese Wahl hinreichend zu mobilisieren und andere schwarze Lokalpolitiker davon abzuhalten, ihre Stimmenblocks gegen Bargeld anderweitig zu verkaufen.

Das ist weder ungewöhnlich, noch gilt es als besonders unanständig. Wer es versteht, aus seiner Anhängerschaft Kapital zu schlagen und vor dem Wahltag einen Zahltag abzuhalten – wobei fünf Dollar für eine Stimme kein schlechter Preis sind –, kann dadurch sogar den Ruf gewinnen, ein gescheiter und weitblickender Mensch zu sein. Die Frau eines weißen Arztes in der Stadt, die sagt, daß sie für Washington stimmen wolle, weil er ihr als der qualifizierteste Kandidat erscheine, ist eine Facette des Wandels im Süden. Die schwarzen Stimmenhändler mit der Brieftasche, deren Geschäft erst vor zwanzig Jahren in Schwung kam, sind ebenfalls eine Realität, wenn man auch versucht ist, sie eher als Überbleibsel eines vergangenen Jahrhunderts fehleinzuschätzen.

Als Percy Washington in Mississippi zur Schule ging, gab es noch Rassentrennung. Die schwarzen Schulen schlossen im Frühling zum Anpflanzen und im Herbst zur Ernte der Baumwolle. „Wir gingen in der Sommerhitze und im Winter zu Schule“, erinnert er sich. „Wir bekamen immer die klapprigsten Schulbusse, und unsere Bücher waren immer schon sehr abgenutzt.“ Percy ist jetzt Personalchef der Mississippi Valley State University in Greenwood, einer integrierten öffentlichen Hochschule, auf deren Campus kein weißes Gesicht zu sehen ist. Er wünscht sich eine farbenblinde Gesellschaft, die ihn im Juni ins Rathaus schickt, nicht weil er ein Schwarzer ist (dies wäre nur eine neue Form der Diskriminierung), sondern weil er für den Bürgermeisterposten besser taugt als seine weißen Gegenkandidaten.

Er redet schon wie ein Politiker, der allen nur das Beste zutrauen möchte, wenn er sagt: „Die Mehrheit hier hat keine hartnäckigen rassistischen Vorurteile mehr.“ Er hat ein Beispiel parat, daß sich nämlich heute in Greenwood keiner mehr etwas dabei denkt, wenn ein Schwarzer und ein Weißer aus demselben öffentlichen Wasserhahn trinken. „Aber“, so fällt ihm ein, „schwerlich würde ein junger Schwarzer von einem weißen Schulkameraden nach Hause zum Baden im privaten Swimming-pool eingeladen.“ Unter den wohlerzogenen Dreißigjährigen von Percys Generation gibt es zwischen Schwarz und Weiß Respekt, Liebenswürdigkeit im Umgang und eine Unbefangenheit, die fast vergessen läßt, daß draußen im Delta noch immer ab und zu in der Nacht Kreuze brennen und in den Hügeln „Rednecks“, die weißen Kleinbauern mit dem Sonnenbrand im Nacken, am Wochenende schon mal im Bierdunst „zum Spaß einen Neger hauen“ möchten.

Die Elle, mit der Fortschritte in Mississippi gemessen werden, wird am eindrucksvollsten von Einheimischen selbst angelegt. Schwarzen und Weißen in Mississippi gehen Herablassung, Besserwisserei und Bevormundung von Außenstehenden – also von Nordstaatlern und dem Rest der Welt – in gleichem Maß gegen den Strich. Immer wieder ist zu hören, daß man sich hier im Süden weniger verstelle, daß beide Seiten genau wüßten, was sie voneinander zu halten haben, während der Rassismus in Boston, New York oder Chicago verdeckter, aber nicht weniger virulent sei.

Die Integration, die das Oberste Gericht der Vereinigten Staaten angeordnet hat und die vor zwanzig Jahren mit Hilfe bewaffneter Marshals des Bundes im Süden durchgesetzt wurde, hat die politische Struktur und das soziale Klima der ehemaligen „Hochburg des Rassismus“ von Grund auf verändert. Die Aufhebung der Rassentrennung durch Gesetz, die Busse, öffentliche Toiletten, Schulen und Wartezimmer für Schwarze öffnete, hat jedoch auch Aspekte, die sich nicht verordnen lassen. So bleibt man in Mississippis Kirchen und bei privaten Gesellschaften unter sich. Eheschließungen zwischen Schwarz und Weiß sind so selten und ungewöhnlich wie zu Segregationszeiten. „Muß ich erst eine Schwarze heiraten, um zu beweisen, daß ich nicht von vorgestern bin“, fragt ein Geschäftsmann, der 1964 noch ein Kind war, beim Abendessen in einem Restaurant in Jackson. „Muß ich erst Mischlinge in die Welt setzen, die es schwer haben, weil sie nicht wissen, wohin sie gehören, um zu beweisen, daß ich meine Lektion gelernt habe?“

Schattierungen im Magnolienstaat

In einem der feineren Hotels in Jackson putzt eine Weiße einem schwarzen Geschäftsmann die Schuhe. Niemand achtet darauf. Keiner dreht den Kopf. Noch vor zwanzig Jahren hätte man diesen schwarzen Amerikaner gar nicht hereingelassen. Er hätte im Hotel-Restaurant nichts zu essen bekommen. Seine Frau hätte beim Arzt den „Eingang für Farbige" benutzt. Seine Kinder wären mit schwarzen Bussen in schwarze Schulen gefahren. Er selbst wäre vermutlich alles andere als ein Geschäftsmann gewesen. Keine Krawatte, keine goldene Uhr, kein Aktenköfferchen und schon gar kein Trinkgeld für eine weiße Frau. Jetzt muß man in der Hauptstadt von Mississippi in das Historische Museum gehen, um die Schilder von damals zu sehen: „Colored Entrance" oder „White Waiting Room".

Die meisten Gespräche in Mississippi beginnen mit dem Satz: „Wir sind nicht so schlimm, wie man anderswo denkt." „Anderswo" ist nicht Europa, wo der Name des Magnolienstaats Erinnerungen an Ole Man River, Huck Finn, die Delta Queen und die prachtvollen Ante-Bellum-Häuser der reichen Plantagenbesitzer mit klassizistischem, barockem oder Renaissancespleen weckt. „Anderswo" ist „Yankee"-Land, die Nordstaaten, die in einem Bürgerkrieg (der so frisch im Gedächtnis ist, wie für die Hinterbliebenen auf dem Alten Kontinent der Zweite Weltkrieg) den Süden besiegt, verwüstet und gedemütigt haben. Außer in dem Städtchen Natchez, wo immer noch jede Woche die Delta Queen anlegt, sind nicht viele der Pflanzerpaläste davongekommen, als die Konföderierten geschlagen waren und eine breite Schneise der Zerstörung vom großen Fluß bis zum Atlantik gezogen wurde. Damals, vor gut hundert Jahren, wurde der großzügige, reiche, prosperierende Süden, der sich auf „König Baumwolle" und Sklavenarbeit stützte, zur Dritten Welt der Vereinigten Staaten. Bis heute hat er sich davon nicht restlos erholt.

Die Klage über den schlechten Ruf hat mit den Bildern zu tun, die der poetische Name Mississippi, das indianische Wort für den „Vater der Wasser", bei den meisten Amerikanern weckt. Brennende Kreuze in der Nacht, Gewalttaten des Ku-Klux-Klans, die Jagd auf flüchtige Neger durch Sümpfe und Wasserlöcher, Hundegebell. Der Satz „Wir sind nicht so schlimm ..." will sagen: Wir sind nicht so rückständig, rassistisch, engstirnig und gottverlassen, wie wir von den amerikanischen Medien der scheinbar so liberalen Ostküste dargestellt werden. Wir sind der nationale Sündenbock, die wohlfeile Ausrede, das Exempel und die einmalige Gelegenheit, auf jemanden mit dem Finger zu zeigen. „Wenn die in New York einmal im Jahr ein trostloses Bild und einen Bericht über Armut in Amerika brauchen, dann schicken sie einen Reporter mit dem Flugzeug nach Mississippi, anstatt mit der Metro nach Harlem", sagt ein Lokalreporter in Jackson.

Er bestreitet nicht, daß Mississippi das Armenhaus der Vereinigten Staaten ist, der wirtschaftlich rückständigste Teil der fünfzig Bundesstaaten. An Selbstkritik lassen sich die Mississippier schwerlich übertreffen, wenn sie auch die üble Nachrede von anderswo stört. Aber sie sähen gern ein bißchen mehr Anerkennung für den Wandel, der hier unleugbar in nur zwei Jahrzehnten stattgefunden und mehr Anstrengung gekostet hat, als man anderswo dem „tiefen Süden" in Amerika zubilligen will. Die Stimmung in der Redaktionskonferenz von Jacksons größter und einziger Tageszeitung, dem „Glarion Ledger", ist gedrückt, realistisch und zugleich stolz. „Wir sind der ärmste Staat der Union", sagt David. „Das Haupteinkommen Mississippis ist Sozialhilfe", sagt Lee Ann. „Aber", so fügt David hinzu, „vieles hat sich hier in zwanzig Jahren geändert. Es braucht Zeit, wie ihr Deutsche Zeit braucht mit den Nazis."

Der Zündfunke wurde schon im Jahr 1954 gegeben, als das Oberste Gericht in Washington entschied, daß Rassentrennung an öffentlichen Schulen unzulässig sei. Fast zehn weitere Jahre sollte es daueren, bis dann in Mississippi der „Sommer der Freiheit" begann. Dies war der eigentliche Wendepunkt in den Beziehungen zwischen Schwarz und Weiß und zugleich der Höhepunkt der Bürgerrechtsbewegung in den Vereinigten Staaten. Für den Süden war es wiederum eine Invasion aus dem Norden. „Fremde Agitatoren, Nigger und Kommunisten", hießen die Hunderte von Studenten, Bürgerrechtlern, Geistlichen und Rechtsanwälten, die, weil sie nach Ansicht vieler Mississippier „nichts Besseres zu tun hatten", hierher kamen, um ihre Landsleute Mores zu lehren.

Charly, ein Einheimischer und heute selbst Rechtsanwalt in der Delta-Stadt Greenwood, erinnert sich, wie James Meredith der erste schwarze Student war, der sich unter Polizeischutz an der Universität von Mississippi, der „Ole Miss" in Oxford, einschrieb. Um den Willen des Obersten Gerichts und der Bundesregierung durchzusetzen und den Aufruhr niederzuschlagen, sandte Präsident Kennedy die Armee nach Mississippi. Noch sein Nachfolger Lyndon Johnson mußte die Federal Marshals nach Süden schicken, um die „Integration" an den Schulen durchzusetzen. Die Mitglieder des Ku-Klux-Klans lachten auf ihren Versammlungen über die Proklamation von „Black Power". Stokely Carmichael erfand den Slogan „Burn Baby Burn", und der Klan lachte noch immer, weil er sich für den Hauptfeuerwerker hielt. Er lachte noch, als Martin Luther King zu einem Bus-Boykott aufrief. Aber Eldridge Cleaver hatte schon die Richtung angedeutet, als er beobachtete, wie eines Tages eine Schwarze im „tiefen Süden" sich weigerte, im Autobus einem Weißen Platz zu machen und schrieb: „Als Rosa Parks nicht aufstand, hat irgend jemand im Universum einen anderen Gang eingelegt."

In Greenwood und andernorts in Mississippi begann die Rassenintegration an den öffentlichen Schulen. Damals, wie heute, waren die Viertel an der Ostseite des Flusses im wesentlichen schwarz und die Westseite weiß. Charly zeigt die Grundschule, in die seine Kinder plötzlich mit Bussen zwangsintegriert werden sollten. Sie sieht aus wie ein Jugendgefängnis, umgeben von Stacheldraht. Dieser war nicht dazu da, Ausbrecher abzuhalten, sondern um Einbrecher abzuschrecken, die Möbel, Fenster, Türen und alles Demontable in der Nacht gestohlen hätten. Charly fand nicht, daß dies die beste Schule für seine Kinder sei. Damals begann die Blüte der Privatschulen in Mississippi, welche fortdauert. Um der „Integration" an den öffentlichen Schulen auszuweichen, wurden „weiße" Privatschulen gegründet mit dem Etikett von Baptisten, Methodisten oder Presbyterianern.

Mississippi ist das schwarze Kernland der Vereinigten

Staaten. In der Mitte des vorigen Jahrhunderts machten die importierten Sklaven, die Baumwollpflücker, noch eine Mehrheit aus. Heute sind knapp zwei Drittel der 2,4 Millionen Mississippier weiß. Ein gutes Drittel ist schwarz. Mehr als eine halbe Million Schwarze haben den Staat verlassen, als es mit „King Cotton“ bergab ging und die Mechanisierung der Landwirtschaft zuhauf arbeitslos machte. Als die Maschine erfunden war, welche die Baumwollwattebäusche maschinell von den Samenkörnern schied, wurden die Handarbeiter überflüssig. Sie wanderten aus dem Delta nach Chicago und Detroit, nach Illinois, Michigan und Kalifornien.

Es gab Zeiten, da Führer der amerikanischen Schwarzen mit dem Gedanken liebäugelten, Mississippi wieder zum ersten Staat der Union mit einer schwarzen Mehrheit und einer schwarzen Regierung zu machen. Massenhafte Einwanderung nach Plan wäre das Rezept gewesen. Aber die Wirklichkeit ist anders. In Mississippi fehlen die Arbeitsplätze für derartige soziale Experimente, ganz abgesehen von der Frage, ob sich ein schwarzer Automobilarbeiter bei General Motors so einfach zu einem Umzug in das wenigversprechende Agrarland am Mississippi verpflanzen ließe. Der Magnolienstaat wird, wie die Demographen derzeit errechnen, bis zum Ende dieses Jahrhunderts eher weißer werden. Die Abwanderung in die engere Nachbarschaft nach Alabama, Louisiana und Texas, nach Westen und nach Norden dürfte zunehmen. Die Vorstellung, daß Mississippi der erste von Schwarzen regierte Teil der Vereinigten Staaten werden solle, ist ein Phantom.

Es geht längst nicht mehr um radikale „Lösungen“, sondern um eine kräftezehrende Kleinarbeit, damit Weiße und Schwarze, die unverändert ihre separaten Wohnviertel, Kirchen und zum Teil ihre Schulen haben, freiwillig Schritte tun, die ein Gesetz vorgeben, aber nicht verwirklichen kann. Robert Jenkins, schwarz und Professor für die Geschichte Mississippis an der Staatsuniversität Starkville, findet, daß das Leben hier „erträglicher geworden ist“. Jenkins ist gebürtiger Mississippier. Er kam jedoch erst als Armeesoldat in den sechziger Jahren aus dem Norden in seine Heimat zurück, gerade als die Bürgerrechtsbewegung in Schwung kam.

Der Hauptunterschied für ihn ist, daß die Angst vorbei ist. Schwarze, so sagt er, können jetzt Vertrauen in das Gesetz und die Polizei haben. Nicht nur die Bundesmarschälle, sondern auch die lokalen Sheriffs haben auf schwarze Beschwerden zu achten. „Schwarze fürchten sich nicht mehr, in Mississippi zu leben", sagt er und erinnert sich an seine Kindheit, wie die Mutter dem Fünfjährigen einschärfte: „Schau keinen weißen Frauen nach. Faß in den Läden nichts an. Du kannst sonst ins Gefängnis gehen." Wer den Übergang von den sechziger Jahren bis heute sah, müsse zuversichtlich sein. „Man braucht Hoffnung und Optimismus", sagt Jenkins, der beobachten konnte, wie in Mississippi eine – noch dünne – schwarze Mittelschicht entstand, zumeist Lehrer und andere Angestellte im öffentlichen Dienst, zu denen er selbst gehört. „Im Norden tun sie freundlich", sagt er, der Boston, Chicago und New York aus eigener Anschauung kennt. „Im Süden sagen Schwarze und Weiße, wo sie stehen. Man weiß besser, woran man ist."

Schwarze in der Stahlindustrie an den großen Seen oder an den Fließbändern von Detroit vermissen den Lebensstil, das Klima (damit ist nicht nur das Wetter gemeint) und die Atmosphäre des Südens. Jenkins kam eigentlich aus Zufall zurück. Als Soldat wurde er unfreiwillig in die Heimat versetzt und heiratete. „Heute können Schwarze hier andere Dinge tun als nur Baumwolle pflücken. Ich bin nicht deshalb zurückgekommen. Aber wenn sich hier nichts geändert hätte, wäre ich nicht geblieben." Das grüne, dämpfige, stille und benachteiligte Mississippi, wo fremde Autofahrer sich die Augen reiben, wenn sie das Schild sehen „Das Schießen vom Highway aus ist verboten", ist für schwarze Amerikaner wie Jackson ihr Zuhause. Sie haben freilich nicht denselben Blickwinkel, wie die weißen Mississippier, die sich gelegentlich schulterklopfend zu ihrer Fortschrittlichkeit beglückwünschen. Die meisten Gespräche in Mississippi enden je nach der Hautfarbe des Gegenübers. Für die Weißen ist das Glas halbvoll und für die Schwarzen ist es halbleer.

Dabei ist der Magnolienstaat kein Monolith, sondern ein amerikanischer Mikrokosmos mit all seinen Reizen, seinen Widersprüchen, seinem Charme und seinen Bürden. Genaugenommen gibt es vier oder fünf Mississippis. Das karge Hügelland im Nordwesten, das wohlhabende Delta, die Ansätze zu einer Industrielandschaft um die Hauptstadt Jackson, die historischen Juwelen Vicksburg, Port Gibson und Natchez und die weltoffene, eigenständige Küste am Golf von Mexiko. In Biloxi und Pascagoula, wo Werften mit Aufträgen des Pentagons florieren und Mississippis Senatoren in Washington den stetigen Fluß neuer Aufträge verdanken, ist das Land des Klans und der Vorgestrigkeit wie eine Schimäre.

Hier war Mississippi schon „feucht“, als es am Ende der sechziger Jahre noch im Prinzip der letzte „trockene Staat“ der Union war. In Greenwood spürt man noch den Einfluß der organisierten Nüchternheit. Die Gastgeber, die voller südlicher Noblesse und Liebenswürdigkeit aus Memphis einen Rheingauer Riesling für ihren Besucher beschafft haben, tragen die Flaschen im Körbchen in das Restaurant, das keine Lizenz hat, weil das Nachbarhaus eine Kirche ist. Bis Mitternacht dringen über Catfish und gebackenen Süßkartoffeln Gospels, die Evangelienlieder, durch die doppelten Mauern von Wirtshaus und Gotteshaus. Drei Autostunden weiter südlich in Natchez, an der Brücke über den großen Fluß nach Louisiana, sind die Sitten schon lockerer. Neben der katholischen Marienkathedrale zeigt eine riesige, aufgeblasene Plastikbierflasche den Grad örtlicher Duldsamkeit an.

An der Golfküste schließlich, mit New Orleans in greifbarer Nähe, ist die französisch-spanische Erbschaft dieses Teils der Vereinigten Staaten noch beherrschender. Dies ist der Ort, an dem der Staat zu Zeiten der Prohibition nicht den Sheriff rief, sondern zehn Prozent Steuern auf ein illegales Gut erhob. Von doppelter Moral konnte keine Rede sein, weil jedermann in Mississippi um den Wert eines guten Kompromisses wußte, der alle Beteiligten zufriedenstellte. Die Baptisten, Tanz, Gesang und Spiritus abhold, hatten ihr Gesetz. Die Trinker hatten ihren Brandy, und der Staat hatte sein Geld. Je nach Blickwinkel war auch in dieser Beziehung das Glas halbvoll oder halbleer.

TEXAS

Löcher im Tortilla-Vorhang

Späher fliegen im Hubschrauber über den Rio Grande. Gelegentlich benutzen sie Ferngläser. Oft reicht das bloße Auge. Auf der mexikanischen Seite führen regelrechte Trampelpfade bis zum Fluß. Dann heißt es für die illegalen Einwanderer waten, schwimmen und Oberkleider hochhalten. Neue Trampelpfade, staubig und leicht verweht, ringeln sich am anderen Ufer nach Texas. Hunderttausende arbeitsloser Mexikaner und immer mehr Flüchtlinge aus El Salvador, Nicaragua und Guatemala haben sie schon ausgetreten. Als Tagelöhner sickern sie ein, tauchen unter und werden wieder zurückgeschickt. Die Grenzpatrouillen in ihren pfefferminzgrünen Arrestautos nennen sie kurz „Wets", weil die heimlichen Grenzgänger naß werden auf dem Weg in das gelobte Land. Chicanos, die hüben arbeiten und drüben ihre Familien haben, lassen sich lieber mit Münzen als mit Papiergeld bezahlen. Die „Dolares" könnten aufweichen auf dem Heimweg.

Der Hubschrauber hat Funkkontakt zu den berittenen Kollegen drunten. Er meldet und lenkt. Die Reiter binden alte Autoreifen mit Seilen an den Sattelknopf und ziehen so eine Staubwolke durch Gestrüpp und Kakteen. Der Staub wird bei den Männern in ihren Agavenverstecken zu einem fast unwiderstehlichen Hustenreiz führen. Wer hustet, wird rascher gefaßt. Entlang den mehr als tausend Meilen gemeinsamer Grenze zwischen Brownsville, Laredo und El Paso wird viel gehustet. Doch meistens ist der Weg durch Löcher in den Zäunen ein Kinderspiel. Alte, Kinder, Frauen und kräftige Arbeiter schleichen über Brücken und unter resignierten Blicken von Grenzpolizisten in die Vereinigten Staaten. Sie stolpern durch ein Stück Steinwüste und springen auf den nächsten Bus nach San Antonio. Einer von fünf wird ertappt und muß umdrehen. Andere werden auf Kosten nordamerikanischer Steuerzahler nach Acapulco geflogen, weil das möglichst weit weg ist. „Dort ruhen sie sich ein paar Tage aus und sind in einer Woche wieder da", sagt ein Rechtsanwalt in San Antonio.

Hundertfünfzig Jahre nach der Sezession wird Texas, so scheint es, von den Mexikanern zurückerobert. In einer Grenzstadt wie Laredo ist es unmöglich, „Hispanics" mit amerikanischer Staatsangehörigkeit von Illegalen zu unterscheiden. Auf den Straßen mischen sich „Tex-Mex" mit anderen Latinos. Dazwischen kaum ein weißes Gesicht. Die Vereinigten Staaten kennen kein ausgefeiltes Paß- und Registratursystem. Ein Ausweis mit einer gefälschten Sozialversicherungsnummer kostet zur Zeit zwanzig Dollar auf dem schwarzen Markt. Das ist keine schlechte Investition für einen Mexikaner, der in zwei Wochen in Laredo mehr Geld verdienen kann als auf seiner Seite in Nuevo Laredo in einem halben Jahr. Und die Flüchtlinge vor den linken und rechten Diktatoren im Süden Mexikos treibt die Angst. Sie wollen in die Vereinigten Staaten ungeachtet der politischen Sympathien oder Antipathien, die Washington für ihre Regierungen hegt. In seiner Angst vor Guerrilleros und Todesschwadronen unterscheidet sich ein „Wet" aus Managua nicht von einem gejagten Guatemalteken oder einem Flüchtling aus San Salvador, der Duarte und dem Frieden noch nicht traut.

Am Ende dieses Jahrtausends werden rund zwanzig Prozent aller Nordamerikaner spanisch sprechen. In Texas allein leben vier Millionen legale Hispanics. Aber niemand widerspricht, wenn für den Staat mit dem einen Stern noch zehn Millionen Illegale hinzugezählt werden. Um den Zug nach Norden nennenswert zu verringern, fehlt es an Personal, Geld und bisher wohl auch am politischen Willen. Fünf Grenzpatrouillen am Rio Grande sollen mit rund 175 Mann pro Schicht ihre Augen überall an einer 1369 Meilen langen Grenze haben. Das würde beim besten Willen nicht weit führen und für einen Schein drückt einer auch schon einmal ein Auge zu. Dabei geht es nicht einmal allein um die Illegalen.

Der gewöhnliche Schmuggel kommt dazu. Werden die Hosen auch naß, Hauptsache das Marihuana im Plastiksack bleibt trocken.

Die meisten „Wets“ sind ehrliche Leute. Handwerker, Hilfsarbeiter, Hausmädchen und Mechaniker. Sie werden drüben als Erntehelfer gebraucht oder als Krabbenfischer im Hafen von Brownsville. Dort wird ein Mexikaner mit zwei Dollar Stundenlohn zufrieden sein (ein „Gringo“ verlangt mindestens fünf), wenn er jenseits der Brücke in Matamaros allenfalls den Gegenwert von dreißig Cents in Pesos bekäme. Die texanischen Arbeitgeber, selbst oft Hispanics, profitieren von den billigen Wanderarbeitern. Die nordamerikanischen Konsumenten haben einen Vorteil, wenn die Preise für die handgeschnittenen Orangenkonserven und geschälten Shrimps niedrig bleiben. Die mexikanische Regierung fürchtet den Tag, an dem hunderttausende von Illegalen zurückgeschickt werden und daheim das Millionenheer der Arbeitslosen vergrößern, den schwarzen Dollarfluß versiegen läßt und in ein soziales Netz fällt, das noch löchriger ist, als die Grenze am Rio Grande.

Unter den legalen „Tex-Mex“ hat sich indessen aber auch ein gehöriges Maß an Ressentiments aufgestaut. Sie klagen, daß die „Wets“ ihnen ihre Jobs wegnehmen und dazu noch ihre Steuerlast vergrößern, weil sie ihre Kinder in texanische Schulen schicken, Lebensmittelmarken in Empfang nehmen und medizinische Versorgung beanspruchen. Die Möglichkeiten, im einzelnen zu überprüfen, wer darauf Anspruch hat, ist gering. Aufgrund einer Gesetzeslücke in Texas, die den Nachweis eines festen Wohnsitzes nicht verlangt, können die „Nassen“, wenn sie wollen, sogar wählen.

Die Hispanics werden in Wahlkämpfen immer intensiver umworben. Ronald Reagan und George Bush appellierten an ihren Familiensinn und wiesen auf die Republikanische Partei als Hüterin der traditionellen Werte. Walter Mondale und Michael Dukakis suchten sie in das Lager der Demokratischen Partei zu locken, die traditionell den Armen und Minderheiten mehr Aufmerksamkeit widme, als die „Grand Old Party“ der Unternehmer und Country-Club-Mitglieder.

Reformen der Einwanderungsgesetze durch den Kongreß

sind eine zähe und langwierige Angelegenheit. In der Praxis ändert sich wenig am Rio Grande. Die „Wets“ schwimmen von Matamoros nach Brownsville zur Arbeit. Reiche Mexikaner kommen mit Koffern voller Pesos von Nuevo nach Laredo zum Einkaufen. In El Paso hüpfen die Erntehelfer auf Lastwagen, wo Schaufeln und Hacken schon auf sie warten. Der wirtschaftliche Aufschwung in den Vereinigten Staaten und der gleichzeitige Niedergang in Mexiko läßt den Einwandererstrom anschwellen. In der „villita“ von San Antonio, jenem schmucken mexikanischen Touristenviertel in der Nähe des legendären Alamo, wird um Tagelöhne gefeilscht. Auch Zettel mit Suchanzeigen begüteter Illegaler gehen von Hand zu Hand: „Ehefrau gesucht. Jede Größe. Kein Sex. Muß U.S.-Bürger sein. Zahle fünfhundert Dollar.“

Im Schatten von San José, einer jener Franziskaner-Missionen, die vor Jahrhunderten den katholischen Glauben in das heutige Texas brachten, ist am Sonntag Flohmarkt. Dort treffen sich die „Low Riders“ in Strohhüten, Stiefeln und mit breiten Hosenträgern. Tex-Mex sind legerer gekleidet als die bäuerlich-ordentlich ausstaffierten Flüchtlinge. Der Markt ist Informationsbörse und Umschlagplatz für zweite Wahl von Messinglampen bis zu Katzengold. Ein Polizist mit gut sichtbarem Revolver an der Hüfte kassiert fünfzig Cents Eintritt. „Weiße“ Besucher sind höflich, halten ihre Brieftasche fest und versuchen niemanden zu reizen. Sonntag ist Dosenbiertag, und Halbwüchsige tragen plärrende Kassettenrekorder über den Hof, bis ihnen der Alkohol das Blut erhitzt und anderntags in der Zeitung steht, Raul Gonzales sei mit vier Messerstichen ins Hospital eingeliefert worden. Arbeit, Nachrichten, Spaß und Gewalt, die scheinbar übergangslos aus mexikanischer Melancholie herausbricht, sind nah beieinander. Auf dem Flohmarkt von San Antonio brauchte die Einwanderungsbehörde weder Fernglas noch Helikopter, um auf Anhieb zu erkennen, daß die meisten Kunden vor einem Tag oder einem Jahr durch den „Tortilla-Vorhang“ geschlüpft sind.

Ewing 1 steht in der Einfahrt

Im Herzen von Dallas gibt es ein Holzhaus zum Beweis, daß diese Stadt ein reiner Zufall ist. J.R., der in dieser Stadt kein Zufall ist, mag sich jeden Morgen aufs neue ärgern, wenn er auf dem Weg in sein Glashaus die historische Hütte streift. Mit ihm ärgern sich insgeheim alle Geschäftsleute im „großen D“ über die Platz- und Geldverschwendung. Die Bankiers, die Ölleute, die Immobilienmakler und Versicherungen wüßten mit dem Grundstück am kostbarsten Ort von Texas wohl etwas Profitables anzufangen. Aber die Pietät will es anders. Das Blockhaus, frisch restauriert, behauptet sich in seinem Rasenviereck, ironisch und nicht weniger absurd als die schwarzen und goldenen Wolkenkratzer, die sich darüberneigen.

Auf diesem Fleck im verbrannten Flachland gab es nichts, als vor einhundertfünfzig Jahren ein Abenteurer aus Tennessee mit Namen John Neely Bryan beschloß, seßhaft zu werden. Dallas, woher es immer seinen Namen haben mag, war gegründet, als Bryan an der Gabelung des Trinity-Flusses rohe Bretter zusammennagelte und das Ergebnis seiner Mühen als Laden und Postamt ausgab. Fernab von allen Naturschönheiten und Bodenschätzen des Staates Texas wuchs ein Verkehrsknotenpunkt. Das zwanzigste Jahrhundert brachte Dallas „Big Money“ und eine Skyline, die in den Vereinigten Staaten ihresgleichen sucht. Dabei thront dieses Manhattan in baumloser und endloser Prärie. Nach allen Seiten gibt es Land genug und keinen Grund, Häuser mit mehr als einem Stockwerk zu bauen.

In Dallas sind alle Einwände kleinlich. Die Stadt schert sich wenig darum, übertrifft sich lieber selbst, bevor die Tinte der Architekturkritiker zu trocknen vermag. Las Colinas heißt der jüngste Coup: Bürostadt und Wohnviertel zugleich. Es ist in einiger Distanz zu den Betonsolitären des Zentrums entstanden und wirkt wie eine futuristische Puppenstube. Wassertaxis verkehren auf künstlichen Kanälen und transportieren tadellos gekleidete Spitzenverdiener aller Hautfarben vom Personal Computer zum Mittagessen. Las Colinas hat seine Landungsstege, Seufzerbrücken und einen Campanile. Die Fassaden tragen spanische Einsprengsel. Blumen und Grünes zwischen Spezialgeschäften und einem „MacDonald's" aus poliertem Messing und dunklem Holz. In Las Colinas kann man sich an einem Vormittag Haare verpflanzen lassen und nach einer Stunde den entwickelten Farbfilm abholen. Für den Nachmittag sind ein Golfplatz und für den Abend der Countryclub in Reichweite. Die Verkäuferin im Antiquitätengeschäft läßt keinen Zweifel daran, daß dem unvorsichtigen Besucher nichts anderes fehlt als ein Porzellanosterhase für siebenhundertzehn Dollar.

Wer sagt, Dallas habe ein „Imageproblem" wegen des Mordes an John F. Kennedy? Es ist nicht gelöst, aber es wird behandelt – mit texanischer Vorwärtsverteidigung. Nichts wird versteckt. Für sechzehn Dollar unter Führung des städtischen Verkehrsamtes ist die Fahrt des jungen Präsidenten am 22. November 1963 nachzuerleben. Dealey-Platz, Bezirksgefängnis, Elm Street. „Welches Fenster ist es?" ist die Frage, die der Postkartenverkäufer am häufigsten hört. „Südostecke, sechster Stock" ist die Antwort. Er steht im Schatten seiner gestreiften Markise und bietet Popcorn, Limonade und Ansichtskarten vom Tatort feil. Drei weiße Kreuze markieren die letzten Meter des offenen Präsidentenwagens. Auf der Zeichenerklärung steht „Erster Schuß, zweiter Schuß, dritter Schuß". Der Postkartenverkäufer hat seinen Stand unmittelbar neben dem Eingang zum ehemaligen Schulbuchdepot. Durch diese Tür hat der Angestellte Lee Harvey Oswald nach dem Untersuchungsbericht der Warren-Kommission an jenem Novembermorgen ein Gewehr geschmuggelt und aus dem Fenster des sechsten Stocks gefeuert.

Zur Zeit ist die Etage für Besucher gesperrt. Vorbereitungen für ein historisches Museum sind im Gange. Erwogen wird ein Oswald von Madame Tussaud in Lebensgröße. Soll er sich mit Gewehr aus dem Fenster lehnen? Der Gedanke muß einem anderen Psychopaten unter die Haut gegangen sein. Er hat kürzlich im Keller des Schulbuchdepots Feuer gelegt. Es entstand nur geringer Sachschaden.

Philip Johnsons Kennedy-Memorial wurde zwei Blocks weiter errichtet. Der Platz zwischen vier weißen Betonwänden um den schwarzen Marmorstein mit der Aufschrift „Kennedy“ ist der einsamste und gottverlassenste in der Stadt. Eine Tafel erinnert an die „Freude und Erregung des Lebens eines Mannes“. Vier Wände ohne Dach symbolisieren einen Raum, der zum Himmel offen ist.

Die Hochzeit von Geld und Kunst fand in Dallas statt. Das neue Kunstmuseum, gebaut von Edward Larrabee Barnes, ist selbst ein Kunstwerk mitten im Finanzzentrum, wo sich private Sammler endlich trauten, Mäzene zu werden. Betty Marcus von der texanischen Kaufhausdynastie Neiman-Marcus gehörte zu denen, die schon das alte Museum, das Stiefkind von Dallas, aufzupäppeln versucht hatten. Dies war aber über dreißig Jahre lang nicht am Geld, sondern an der Kunstauffassung gescheitert. Picasso war nun einmal Kommunist. Nun ist der Bann gebrochen. Direktor Harry Parker konnte in einen Bau einziehen, der Millionen gekostet hat, und damit beginnen, Milliarden für sein Innenleben auszugeben. Er besorgte Werke von Moore, Matisse und Miro, weigerte sich, einzelnen Sälen die Namen von Spendern zu geben, und sorgte für kleine Schilder, um Leihgaben aus Privatbesitz zu kennzeichnen. Ostentativer Protzverzicht als Dallas’ unbekannte Eigenart? „In Geschmack und Stil ist das Museum klar und untertrieben. Diese geradlinige Qualität ist sehr stark ein Reflex von Dallas selbst“, sagt der Direktor.

Zurück zu den alten Tugenden. Eine Stunde in Richtung Plano dauert die Autofahrt zur Southfork Ranch. J.R. Duncan hatte sie zwischen zweihundert Hektar Weizen und Baumwolle zum Zweck der Pferdezucht gebaut. Dann kamen die Ewings. „Ewing 1“, der Straßenkreuzer, steht in der Einfahrt. Der Eintritt kostet vier Dollar. Das Haupthaus ist geschlossen, aber Besucher dürfen durch alle erreichbaren Fenster schauen. Drinnen hängen die Fotos der Ewings und der Duncans nebeneinander. Schwer zu sagen, wer da „falsch“ und „echt“ ist. Im Fernsehen sieht alles größer und geräumiger aus. J.R. Duncan ist gewiß kein armer Mann. Aber im Vergleich zur Nachbarschaft ist Southfork mit seinen Hikkory-Polstersesseln nur guter Durchschnitt. Das gilt auch für Pool und Patio, wo J.R. beim Frühstück der Familie den Appetit zu verderben pflegt.

Das Mädchen im Andenkenladen wundert sich über die Frage, wie lange das Anwesen denn schon Freilichtmuseum sei. „Die Leute wohnen nämlich noch hier. Sie kommen jeden Abend aus Dallas nach Hause. Wir schließen dann." Sie wußte noch nicht, daß Duncan es langsam leid war, jeden Abend in die Kulisse einer Fernsehserie zurückzukehren und sich dabei daheim zu fühlen. Der echte J.R. hat verkauft – für eine nicht genannte Summe, die aber den Wert des Anwesens weit überstiegen haben dürfte. Die Ewings sind geblieben. Wenn gerade keine Dreharbeiten weitergehen, fließen die Eintrittsgelder auf Southfork reichlich. Wer seine Neugier befriedigt und sein Konterfei unter dem weltberühmten Torbogen mit dem „SF" abgelichtet hat, erhält zum Abschied einen gefälschten Dollarschein. Anstelle von George Washington lacht einen der Schauspieler an unter dem Motto „In Hagman we trust" – Wir vertrauen auf Hagman.

Der wirkliche Westen beginnt nicht in Dallas, sondern in Fort Worth. Die Schwesterstädte teilen sich einen der ausladendsten und unübersichtlichsten Flughäfen der Vereinigten Staaten und werden in einigen Jahren über ihm zusammenwachsen. Fort Worth möchte nicht länger „Kuhstadt" heißen und arbeitet mit Erfolg an seiner konkurrierenden Skyline. Es war die traditionelle Drehscheibe für die großen Viehtriebe im vergangenen Jahrhundert und für die Cowboys das letzte Wasserloch auf dem Weg nach Kansas City. Inzwischen kommt der Wohlstand auch in Fort Worth mehr von Mikrochips und Software als von Langhornrindern. Doch in den Stockyards schlagen noch gelegentlich „Black Angus" und „Herefords" mit den Schwänzen nach Fliegen.

Nach Sonnenuntergang ist Rodeo. Die Türen zu den Bars sollen nicht mit den Stiefeln aufgetreten werden. Alle gängigen Kreditkarten sind willkommen. Bei Joe T. Garcia gibt es Chili, Nachos und Tortillas oder einfach „das beste Tex-Mex-Essen" in der Stadt. Im Biergarten unter einer Eiche spielen drei Halbwüchsige „Country und Western". Die Tanzfläche ist klein und zugleich groß genug bei immer noch gut dreißig Grad Hitze in der Dämmerung. Ein reicher Mexikaner im ausgeschnittenen roten Leibchen hat Spaß an seinem Wochenendausflug. Sein Pasodoble ist geschmeidig. Die anderen hören auf zu tanzen. Der Mexikaner und seine Frau sind jenseits der Fünfzig und sehr verliebt. Er trägt das ganze Gold, die Kette und die Uhr. Sie hat auch auf Ohrringe verzichtet.

Fünfundfünfzig Meilen Tempolimit machen müde. Nur Lastwagenfahrer, die die Radarfallen kennen, fahren schneller. Auf dem Highway 35 nach Süden ist hinter Fort Worth bald nur noch Krüppelgebüsch und vertrocknetes Präriegras zu sehen. Farmhäuser, Wassertürme und Windräder zeichnen sich ein Stück gegen den hohen Himmel ab. Am Straßenrand werben Imbißstuben und Tankstellen für „Burger, Beer and Football". Die Rinder sind hinter ordentlich geflickten Weidezäunen gehalten. Selten taucht zwischen Telefonmasten, Traktoren und Wasserstellen ein Reiter auf. Ein Autofriedhof deutet auf eine größere Siedlung. Waco kommt in Sicht, eine Stadt, über die in Dallas und Fort Worth niemand etwas Vorteilhaftes zu berichten hatte. Waco, so hieß es dort, verdanke sein neues Lebensgefühl dem Ölschock. Als der Sprit noch billig gewesen sei, habe es keinen Menschen abends dort gehalten und die Motorradcowboys in die großen Städte gezogen. Inzwischen müsse Waco sich selbst unterhalten. Das habe dem Gemeinsinn gutgetan.

Im Autoradio dürfte dergleichen niemand erzählen. Der Sender aus Dallas, der sich die „Cowboy Station" nennt, ist nicht für üble Nachrede, sondern für das Lob der „Dallas Cowboys" da. Diese Footballmannschaft steht zwar nicht im Ruf höchster Spielkunst, aber dafür der ausgeprägtesten Mitleidslosigkeit im Umgang mit dem Gegner. Der Akzent ist gedehnt. Nach Bluegrass und Dixie die Nachrichten zur vollen Stunde. In Dallas ist ein städtischer Arbeiter in die Kanalisation gefallen. Die Suche ist nach fünf Stunden – „mit Gasmasken wegen Methangas" – abgebrochen worden. Die Leiche müßte demnächst im River Creek angeschwemmt werden.

Kein Wölkchen am Himmel und seit Monaten kein Regen in Texas. Ein Motel wirbt mitten im Ödland mit Wasserbetten. Nach soviel Verruchtem kündigt rasch ein Baptistentempel die Einweihung für die nächsten Tage an. Tschechische Einwanderer haben hinter Waco ein paar Quadratmeilen besiedelt und schreiben auf Plakaten ein Herbstwurstfest mit Pilsner und Strudel aus. In der Kaffeebaracke läuft ebenfalls der Cowboysender, diesmal mit Werbung für französischen Wein. Am Tresen sitzen Lastwagenfahrer mit schweren Bäuchen und Baseballmützen auf schlanken Hockern. Der Ansager empfiehlt den Rotwein besonders zu Hackfleisch vom Grill und sagt: „Jungs, trinkt ihn jung."

Das Capitol von Austin ist ein Dom aus rosa Granit. Die Hauptstadt von Texas gefällt sich als liberale Oase in einem konservativen Staat. Doch auch hier, im ehemaligen Waterloo, das im vorigen Jahrhundert nach Staatsgründer Stephen Austin umbenannt wurde, beginnen schüchterne Versuche mit Hochhäusern. Der Bau- und Bodenboom hat nach dem Regierungssitz und intellektuellen Zentrum um die Universität von Texas gegriffen. Doch das Capitol gilt es erst zu übertreffen. Es ist immerhin – und dies erfährt der Gast schon mit der Türe in der Hand – sechs Fuß höher als das weiße Capitol der Vereinigten Staaten in Washington. Auf seiner Spitze fußt eine „Göttin der Freiheit". In der türkisblauen Kuppel hängt Texas' einziger Stern.

Die eine Ausfahrt aus Austin führt nach Johnson City und auf dem Weg dorthin zur „LBJ"-Ranch, wo der Präsident im Garten neben dem Herrenhaus begraben ist und Lady Bird nicht ausgeht, solange die Sonderbusse Touristen durch die grünen Hügel fahren. Die andere Ausfahrt führt zu den Deutschen in New Braunfels, zum Hotel „Faust", zum Käsekuchen in „Krause's Café" und zur „Heidelberg-Halle" über die Kohlenberg Road. Die alten Emigranten hatten es nicht leicht zwischen und nach den Weltkriegen. In New Braunfels haben sie sich noch am besten behaupten können, von den Schuhmachern und Sektenpredigern bis zu den Gastwirten und Beerdigungsunternehmern. Nur der katholische Pfarrer ist ein „Hereingeschmeckter". Er ist Ire und heißt Flanagan.

Mögen Dallas und Houston das Geld haben und Austin die Regierung und den Geist, so hat San Antonio die Grazie. Es ist die hispanische Großstadt von Texas. Der Norden ist weiß, der Osten schwarz und das übrige „Tex-Mex". San Antonio ist kein prosperierender Ort, kein Silicon Valley, sondern Garnisonstadt mit Arbeitsplätzen für legale und illegale

Einwanderer, die über den Rio Grande kommen, und für Flüchtlinge aus Nicaragua, Salvador und Guatemala. Die technische Revolution, der Reichtum aus Ölquellen, Computern und Unternehmergeist sind an San Antonio vorbeigeglitten. Doch hier ist man näher an den Wurzeln, an der Geschichte der ersten Revolution und mit Ausblick auf die dritte, wenn Mexiko Texas zurückerobert.

Was für Nordamerikaner anderswo Lexington, Concord oder Saratoga sind, ist für die Texaner Alamo. In der verlassenen Franziskanermission, einer von vielen in San Antonio, begann die erfolgreiche Sezession. Im Frühling des Jahres 1836 verschanzten sich hier die Obersten William Barret Travis und James Bowie und wehrten sich mit 145 Mann dreizehn Tage lang gegen fünftausend mexikanische Soldaten. General Santa Ana, der Napoleon des Westens war ausgezogen, die Gringos zur Räson zu bringen. Er zog die rote Flagge auf und verlangte bedingungslose Kapitulation. Daraufhin zog Travis mit dem Säbel eine Linie, und alle, die sie überschritten, schworen einen Eid, sich niemals zu ergeben.

Es war Sonntagmorgen, als die mexikanische Militärkapelle „El Deguello“ zum Angriff spielte. Oberst Travis hatte seinen letzten Brief an alle Amerikaner mit „Sieg oder Tod“ beendet. Er starb neben der Kanone mit dem Gewehr in der Hand. Bowie, der Messerwerfer und Indianerjäger, starb auf seiner Matratze, von der er sich typhuskrank schon tagelang nicht mehr erhoben hatte. Auch die dritte legendäre Gestalt des Alamo, der Kongreßabgeordnete David Crockett aus Tennessee, starb und wurde verstümmelt. Mit dem Schlachtruf „Remember the Alamo“ erkämpfte sich nach der Tragödie Texas die Unabhängigkeit. Santa Ana wurde in San Jacinto im Bett gefangen. Er hatte sich mit Jenny, einem Mulattenmädchen, zur Siesta zurückgezogen.

In Alamo werden die Besucher gebeten, den Hut abzunehmen. Die Wandbilder in den Felsenkellern der Mission lassen keinen Zweifel daran, daß David Crockett genauso wie John Wayne ausgesehen hat – oder umgekehrt. Draußen verschieben sich unterdessen die ethnischen Grenzen aufs neue, und die politischen Gewichte werden neu austariert. Die Hispanics haben längst wieder die Mehrheit in San Antonio.

San Antonio ist eine Vielvölkerstadt. Aber die Minderheiten lieben sich nicht. Tex-Mex und Schwarze sind nicht Brüder, sondern Rivalen um Jobs und Chancen. Die Deutschen, weiße Underdogs, spielen keine Rolle mehr. In ihrem Viertel, wo schmucke Bürgerhäuser neben imitierten kleinen Burgen, wie jenen am Rhein, standen, wurden die Straßennamen gewechselt. Aus der Kaiser-Wilhelm-Straße wurde die King William Road. Irgendwo auf dem Hügel, wo sich die Weißen aus Furcht von Einbrüchen und Überfällen immer weiter zurückziehen, lebte lange Jahre der Stolz der polnischen Einwanderer: der Stummfilmstar Pola Negri aus dem Hollywood der zwanziger Jahre. Wenn in Dallas zum Wettstreit mit Statussymbolen ein Mercedes-Benz mit aufgesetzten Stierhörnern gehört, so wird diese Konkurrenz in San Antonio mit anderen Mitteln ausgetragen, wenn zum Beispiel im Vorgarten eines arrivierten Schwarzen ein Mexikaner den Rasen mäht.

KALIFORNIEN

Freiheit und Eiscreme für alle

Onkel Sam beschloß, in diesem Sommer zu Hause zu bleiben. In der „Washington Post“ hatte er gelesen, daß auch die meisten anderen Amerikaner dies täten. Da waren die Furcht vor dem Terrorismus in Europa, Tschernobyl, der gefallene Dollar und der neue Patriotismus. Außerdem waren die Benzinpreise so niedrig wie nie seit der Ölkrise. Der Terrorismus war nicht sein Hauptmotiv. Sam war sich durchaus bewußt, daß die Chance, in einer beliebigen amerikanischen Großstadt aus Versehen ermordet zu werden, statistisch gesehen mindestens fünfzigmal höher war als die, irgendwo zwischen London und Rom einem palästinensischen Kommando in die Hände zu fallen. Der Dollar und der Patriotismus wogen schon schwerer, gaben aber auch noch nicht den Ausschlag. Wäre es nicht schön, so hatte sich Sam schlicht gefragt, einmal einen Sommer lang nicht von französischen Kellnern beleidigt oder von ihren italienischen Vettern betrogen zu werden?

Das Reisebüro in der Hauptstadt zog seine Vorurteile verständnisvoll in Betracht und machte ihm drei Vorschläge: New York zur Feier des hundertsten Geburtstages von „Lady Liberty“, Texas zur Feier des hundertfünfzigsten Geburtstags oder Kalifornien und der Traum vom Westen ohne besonderen Anlaß. Sams Einwände, in denen das Wort „Erdbeben“ vorkam, ließ man nicht gelten: „Eine Europareise wäre riskanter. Im übrigen ist ‚California 1‘, die schönste Küstenstraße der Welt, frisch repariert.“ Tatsächlich war die „Nummer 1“ zwischen San Francisco und Los Angeles bei Big Sur, dort wo der Kontinent endet und erst wieder bei Japan Land in Sicht gerät, für eine gute Weile verschüttet gewesen.

Sam flog also nach San Francisco. Bei der Stadtrundfahrt erfuhr er, daß die „europäischste“ der amerikanischen Großstädte (zur Zeit ein eher zweifelhaftes Kompliment) von einer Frau namens Feinstein auf besonders liberale Weise regiert werde. Er bewunderte die Transamerika-Pyramide, jenes spät anerkannte Juwel in der Skyline, und die Cable Cars, die sich am unterirdischen Drahtseil gemächlich über die Hügel ziehen lassen. Er fuhr mit der Fähre nach Sausalito und fotografierte die Zuchthausinsel Alcatraz von beiden Seiten. Auch andere Passagiere fanden es schon ein bißchen merkwürdig, daß man aus diesem passabel aussehenden und relativ ausbruchsicheren Gefängnis jetzt einen Nationalpark gemacht hatte.

Die Markt-Straße erschien Sam wie der Treffpunkt der Stadtstreicher aus aller Welt. Nirgendwo, nicht einmal in New York, hatte er so viele Drifter und Easy Rider, so viele Winos und Kippensammler auf einem Fleck gesehen. Wenn die Sonne verschwand oder bis zum Mittag nicht durch den Nebel zu dringen vermochte, kam ihm dieser Ort sehr trostlos vor. Auch der Aufforderung von einem Plakat „Sehen Sie eine nackte Frau und sprechen Sie mit ihr – für 1 Dollar“ mochte er nicht nachkommen. Was sagt man schon an einem nebligen Vormittag zu einer nackten Frau?

Die Castro-Straße, Mittelpunkt der „Hauptstadt der Homosexuellen“, war für Sam dagegen eine Überraschung. Antiquitätenläden statt Badehäuser, eine aufgeräumte, wohlhabende Gegend der oberen Mittelklasse. In den Hauseingängen die polierten Namensschilder von Ärzten, Anwälten, Journalisten und Lokalpolitikern. Das war kein „Red Light District“, sondern ein Viertel, das man unter anderen Umständen vielleicht gutbürgerlich genannt hätte. Weil sein Bedarf an Kuriositäten noch nicht gedeckt war, wanderte Sam durch Chinatown. Unter dem Drachentor dachte er an Jack Nicholsons aufgeschlitzte Nase in Polanskis Film und verspürte schließlich Appetit. Die Vielfalt der Gerüche und der unleserlichen chinesischen Speisekarten verwirrte ihn einen Augenblick. Dann wählte er das Restaurant „Brandy Ho’s“, weil der ihm wenigstens einen vertrauenswürdigen Vornamen zu haben schien. Diese Stadt, so dachte er über einem Dinner mit Stäbchen und einem chinesischen Bier, ist nicht im Gleichschritt mit dem „mittleren Amerika". Ihre Bewohner, das gab er aber zu, verstanden eine Menge vom Essen.

Hinter der Golden-Gate-Brücke und dem Leuchtturm, wo sich die Robben auf den Klippen sonnten, fädelte sich Sam anderntags mit einem Leihwagen in den großen Autotreck nach Süden ein. In Carmel bog er rechts ab. Dieses Städtchen empfahl sich durch seinen neuen Bürgermeister: Clint Eastwood. Hier war nichts billig und alles sehr gediegen. Ausreichend Papierkörbe und Schilder, auf denen stand, was erlaubt war und was nicht. Sam fühlte sich geborgen und war sicher, daß in Carmel niemand ungestraft Nasen aufschlitzt. Dieser Ort war ein Andenken wert. Zwei T-Shirts kamen in die engere Wahl. Das eine mit dem Aufdruck „Clint for President" ging ihm zu weit. Er entschied sich für die zweitbeste Variante, die den Schauspieler-Bürgermeister als Freiheitsstatue zeigte mit der Forderung: „Freiheit und Eiscreme für alle!"

Der legendäre Ruf des „California Rodeo" lockte Sam ein Stück landeinwärts nach Salinas. Hier, in der Heimat des Schriftstellers John Steinbeck, konnte ein Cowboy noch auf ehrliche Weise ein gutes Stück Geld verdienen. Sam kaufte sich eine Eintrittskarte, eine Schildmütze und einen Viererpack „California Cooler". Er setzte sich zwischen zwanzigtausend Zuschauer, die ähnlich ausgerüstet waren, und genoß das staubige Schauspiel. Es begann mit dem Einzug der Fahnen der Vereinigten Staaten, Mexikos, einer Brauerei, einer Automobilfirma und eines Erfrischungsgetränks. Eine Mariachi-Band spielte, während die Sponsoren näher vorgestellt wurden: eine Zigarettenfirma, die Cowboys beschäftigt, und ein Jeansfabrikant, der sie kleidet.

Die Präliminarien zogen sich etwas in die Länge, weil niemand bei der Parade fehlen wollte: die Marshals, die Marines, die Schönheitsköniginnen, die Saloongirls und die Wells-Fargo-Postkutsche. Dann kamen die Gäste aus dem nahen Reservat. „Willkommen Indianer", sagte der Ansager und fügte hinzu: „Leute, geht hinter den Felsen in Deckung. Wunderbar. Ich hab' in meinem ganzen Leben keine Indianer gesehen, die so indianisch aussahen wie die." Sam las im

Programm, daß der Ansager auch in einem Reservat aufgewachsen war und also wußte, wovon er redete.

Der „O.K.-Choral“ sang zum Auftakt „I love California“, dann folgte die Nationalhymne Mexikos, „unseres großen Nachbarn im Süden“, wie der Ansager sagte. Nicht alle nahmen den Hut ab, und ein Trunkenbold kurz vor dem Sonnenstich rollte sich am Rande der Pferderennbahn noch einmal auf die andere Seite. Bei der amerikanischen Hymne nahmen alle im Stadion den Hut ab und erhoben sich. Zwei Sanitäter stellten den Trunkenbold auf die Beine und schleiften ihn dann in den Schatten. Sam sah, daß für alles gesorgt war.

Der Stierkampf Nordamerikas begann, im Wechsel mit Wildpferdreiten und Kälberfangen. Acht lange Sekunden mußte sich der Reiter sattellos und mit Grazie auf dem Rükken eines „Bronco“ halten. Eine Hand hielt die Zügel, die zweite blieb ausgestreckt in der Luft. Wer sich kurz vor dem Fall an der Mähne festhielt, war disqualifiziert. Sam sah, wie die Schnellrichter Haltung des Reiters und Bockigkeit des Pferdes benoteten. Der beste Cowboy gewann fünftausend Dollar. Das ungebärdigste Pferd des Tages war die Nummer 2, „Gaddafi“ – wilder als „Gelbfieber“ und „Tunichtgut“. Der Wettbewerb im Wildkuhmelken brachte für keinen Teilnehmer ein befriedigendes Ergebnis. „Da sehen Sie, deshalb trinken Cowboys ihren Kaffee schwarz“, sagte der Ansager.

Die Wirtin im „El Dorado Motel“ hatte zum Tanz nach Sonnenuntergang ein Lokal mit Namen „Barbaren-Küste“ empfohlen. Am Eingang des Honky-Tonks wurde Sam von drei muskulösen Schwarzen nach Schußwaffen untersucht. Rodeo-Reiter hatten freien Eintritt und waren frisch gewaschen. Richtige Cowboys tanzten in neuen Bluejeans, fiel Sam auf, dessen eigene „vorgewaschen“ waren. Wenn er wie Willie Nelson klingen wollte, hielt sich der Sänger der Country- und Westernband die Nase zu. Die Hauptperson im Saal war zweifellos der Sheriff. Sam sah ihn mit wildem Blick durch die langen Bankreihen zwischen fröhlichen Tänzern und Biertrinkern streifen. Er trug die Lederjacke offen und schärfte seinen Stellvertretern ein ums andere Mal ein: „Wir wollen hier keinen Ärger. Gibt es Ärger, greifen wir zu.“

Am nächsten Morgen hätte Sam, wieder auf der „California 1“, das unscheinbare Schild in einer Kurve von Big Sur fast übersehen: „Henry Miller Memorial Library“. In einem kleinen, selbstgebauten Holzhaus saß der Besitzer, Emil White, vor einem Glas Tee auf dem Sofa und wartete auf Besucher. Er nickte Sam einladend zu und sagte, das seien alles seine Bücher in den Regalen und die von Henry Miller. Das Buch „Big Sur und die Orangen des Hieronymus Bosch“ sei ihm, Emil, gewidmet. Er sei wohl Henrys bester Freund gewesen.

Emil White, so stellte sich heraus, hieß eigentlich Emil Wieselmann und stammte aus Wien. Als junger Buchhändler war er nach Chicago gekommen und von dort, auf Einladung des Schriftstellers, nach Big Sur. Mit seinen geschickten Händen half er Miller, wo er konnte, baute ihm Häuser, Regale und allerlei. Er las ihm auf deutsch Hermann Hesses „Siddharta“ vor, und Miller war entzückt. Bald fand sich ein amerikanischer Verleger und danach eine neue Generation, die Hesses Bücher las. Henry hielt Emil für den „belesensten Menschen, dem ich je begegnet bin“. Sam hielt Henry und Emil für zwei, die nichts anbrennen ließen. Er blätterte in einem Bildband, in dem Miller mit einem unbekleideten Fräulein Tischtennis spielte. „Was machen eigentlich die Miller-Kinder?“ wollte er wissen. „Sie leben drüben in Henrys Haus. Der Sohn ist Barmann, und die Tochter tut nichts.“

Von Emil Whites Klause in einem Felseinschnitt Big Surs war es nur noch ein kurzer Weg zum „Bezaubernden Hügel“ von San Simeon. Dort hatte William Randolph Hearst sein Schloß, sein Denkmal, in die Berge gebaut. Der schüchterne Milliardär und einzige wirkliche „Zeitungszar“, der den alten Pulitzer zur Weißglut trieb und aus reiner Sensationsgier wegen Kuba einen Krieg mit Spanien anzettelte, hatte hier seine Pyramide errichtet. Nach „Disneyland“ ist das Hearst-Schloß die zweitgrößte Attraktion Kaliforniens. Sam reihte sich in eine lange Schlange ein.

Von der Fremdenführerin erfuhr er, wer schon alles vor ihm da war: Präsidenten, Hollywoodstars, Churchill. Mit Hitler hatte es nicht geklappt. Hearst hatte die Vision und die Mittel. Sam ergriff eine gewisse Ehrfurcht vor dem reichen

Mann, der Gotik und Renaissance eingekauft und bei New Yorker Auktionen Richelieus Bett und eine ägyptische Göttin aus dem „Tal der Könige“ ersteigert hatte. Er war Amerikas König Ludwig. Er lebte in einer spanischen Kathedrale zwischen französischen Wandteppichen, Bildern Raffaels und Mosaiken aus den Ruinen von Pompeji. Er dekorierte sein Spielzimmer mit Chorgestühl und ließ zur „blauen Stunde“ George Gershwin Klavier spielen. Im Eßzimmer hingen über den Köpfen die Banner einer längst vergangenen italienischen Adelsfamilie. Darunter erwartete der Gastgeber erfrischende Streitgespräche ausgesuchter Antagonisten, was ihm besonders gut glückte, als er George Bernard Shaw mit einem katholischen Bischof konfrontierte.

Hearst züchtete Rosen und studierte die Biographien seiner lebenslangen Vorbilder Napoleon und Karl der Große. Er sammelte soviel Kunst, daß im Hafen von San Simeon noch immer drei Lagerhäuser damit angefüllt sind. Er badete im Sommer draußen in einem Schwimmbad aus Carrara-Marmor und im Winter drinnen in Kacheln, die der Alhambra Ehre machen würden. Er besaß den größten privaten Zoo der Welt mit Löwen und Eisbären und lebte gesund und unternehmungslustig bis in die hochen Achtziger. Sam hatte „Citizen Kane“, den Filmnachruf von Orson Welles auf den Mann und das Schloß, gesehen. Er sinnierte über Originale und Kopien. Der Augenschein von San Simeon überwältigte das Meisterwerk des Regisseurs. Im Nachruf auf Orson Welles hatte Sam gelesen, daß dieser bis zuletzt Reklame für kalifornischen Wein im Fernsehen gemacht hatte, obwohl ihm die Ärzte den Wein längst verboten hatten.

In Santa Barbara hatten die Dinge wieder menschliches Maß. Die Kalifornier, die Sam hier begegneten, waren weder besessen noch gramzerfurcht. Sie lebten „the good life“ und machten sich offenkundig keine Sorgen über die Außenwelt und den Atomkrieg. Sie waren freundlich, blickten mit Wohlgefallen auf Jasmin und Hibiskus und dachten möglichst wenig an ihr Kernkraftwerk im Diablo Canyon, das sie in gefährlicher Nähe des St.-Andrea-Grabens auf wackeligen Grund gesetzt hatten. Sie demonstrierten im Kern das gleiche gelassene Naturell wie ihr Präsident. Wenn Sam Kaffee bestellte, bekam er Kaffee. Niemand fragte zweifelnd, ob er nicht doch lieber für dreißig Dollar ein Fläschchen Chardonnay hätte. Kalifornien, da gab es keinen Zweifel, war der bestgelaunte der fünfzig Bundesstaaten.

Auf der San-Ysidro-Ranch, wo John und Jackie Kennedy vor bald 40 Jahren stille Flitterwochen verbrachten, mietete sich Sam ein Pferd und ritt in die Sierra. Mit jedem Schritt verbesserte sich die Aussicht auf den Jachthafen von Santa Barbara, den weißen Strand und die Ölbohrtürme vor der Küste. Das Pferd biß gelegentlich in Anisstauden, und Sam glaubte zu verstehen, warum es Ronald Reagan in dieser Gegend besser gefiel als im Weißen Haus. Hier, auf seiner „Rancho del Cielo" („Himmelsranch"), erholte er sich jeden August vom Budget-Defizit, Ortega und der Rüstungskontrolle. Mit der Axt schlug er sein Feuerholz, ritt aus oder fuhr mit dem Hund im neuen Kleinlaster (ein Geburtstagsgeschenk von Nancy) über Staubstraßen und Kakteen.

Sam war entschlossen, sich nach dem „Refugio Canyon" durchzufragen, obwohl er damit rechnete, daß die prachtvollen Jungs vom Secret Service frühzeitig dafür sorgten, daß die falschen Leute nicht weit in die richtige Richtung vorstießen. Aber dazu sollte es nicht kommen. Ein Cowboy, der ihm auf dem Fahrrad begegnete, sagte: „Sie sind weit vom Schuß. Versuchen Sie es dreißig Meilen nordwestlich bei Santa Ynez." Der Cowboy sah die Enttäuschung in Sams Augen und sagte: „Wenn es Sie tröstet, die Ranch hinter mir gehört Jane Fonda. Es wird ein bißchen voll hier oben mit all den Schauspielern."

Von Schauspielern konnte Sam indessen nie genug sehen und hören. Wo gab es mehr davon als in Los Angeles, dem Haufendorf, das von der pazifischen „Times" täglich mit Kurven über den Kohlenmonoxydgehalt der Luft unterrichtet wird? Er nahm Quartier in Santa Monica und begann seine Erkundungsfahrt auf dem „Sunset Boulevard". Dieser schlängelte sich zunächst durch ein Viertel mit Meditationszentren. Ein Institut für „Selbstverwirklichung" bot einen kostenlosen Einführungskurs und, nur mittwochs, Gratissalat an. Auf halber Höhe hügelan, wo die Straßen italienische Namen haben, hatten die Psychiater ansehnliche Häuser im spanischen Stil. Im Wettbewerb mit Washington um die höchste Psychiaterdichte der Welt pro Quadratmeile lag Los Angeles jetzt angeblich vorne.

Ein Straßenhändler hatte Sam zwei Karten zur eingehenden Erforschung von „Beverly Hills" verkauft. Was nützte der Blick auf die vergitterten Villen der Großen des Films, wenn man nicht wußte, wer darin wohnte oder wenigstens einmal gewohnt hatte? Die „Karte der Stars" auf den Knien, rollte Sam gemächlich durch die Palmenalleen zu Humphrey Bogart, Paul Newman und Charles Bronson. Die Zäune waren elektrisch geladen. Kameraaugen blickten durch schmiedeeiserne Tore. Streifenwagen drehten ihre Runden, immer bereit, Fußgänger als verdächtige Figuren aufzubringen. Eine kleine Privatarmee aus Wachdiensten hatte auf jedem Rasenfleck gut sichtbar ihre Warnschilder angebracht.

Dies also war die Gegend, wo Privatdetektiv Philip Marlowe, obwohl gebraucht und gerufen, dennoch immer erst Butler und Bodyguards von seinen ehrlichen Absichten überzeugen mußte. Sam entfaltete seine zweite Straßenkarte, die „Raymond Chandler Mystery Map". Ereignisse und Gestalten aus allen wichtigen Romanen waren minutiös verzeichnet: „Die kleine Schwester", „Das hohe Fenster", „Der lange Abschied". Ein Kreuzchen informierte darüber, ob sich der Ort seit Chandlers Lebzeiten verändert hatte. Umrißzeichnungen unter der Rubrik „dead body" zeigten an, wo im Roman die Leichen gefunden wurden. Einer der Hausbesitzer auf dem Sunset Boulevard, der es satt hatte, daß sein Anwesen und das der Nachbarn ständig von langsam rollenden Automobilen umkreist wurde, hatte dem „unbekannten Neugierigen" ein Denkmal an seiner Gartenmauer errichtet: dort starrte ein Gipsmann durch sein Fernglas nach drinnen, und neben ihm hielt seine Gipsfrau die Kamera. Sam fotografierte beide.

Hollywood wirkte auf ihn, wie die Markt-Straße in San Francisco, schäbig und heruntergekommen. Er hätte eines der Studios besuchen und vor Ort sehen können, wie seine Lieblingsserien in atemberaubendem Tempo gefertigt wurden. Doch die würde er ja bald im Fernsehen ohne Eintrittsgeld betrachten können. Sam parkte statt dessen in einer

Seitenstraße des „Hollywood Boulevards“ und ging direkt zu „Manns Chinesischem Theater“. Vor dem sagenhaften Premierenkino drängelte er sich durch eine japanische Reisegruppe und stellte sich dann nacheinander in die Betonfußstapfen von Gary Cooper, James Stewart und Donald Duck. Drinnen war gerade die Uraufführung von „Heartburn“ gelaufen, der Geschichte der gescheiterten Ehe des „Watergate“-Reporters Carl Bernstein. Von Bob Woodward las Sam gelegentlich noch in der „Post“ Geschichten aus Geheimdienstkreisen. Was war aber aus Bernstein geworden? „Schreibhemmung“ hieß es, seit fast einem Jahrzehnt.

Vielleicht war es Pietät, die Sam vor der Heimreise noch zu einem Ausflug nach San Clemente veranlaßte. Sein Bild vom „Sonnenstaat“ wäre unvollkommen geblieben, hätte er nicht noch die Sommerfrische des anderen kalifornischen Präsidenten mit dem düsteren Gemüt und den sprichwörtlichen „Untiefen des Charakters“ besichtigt. Richard Nixon ritt nicht und spielte selten Golf. Wie Kennedy auf Cape Cod so liebte Nixon seine einsamen Strandspaziergänge in San Clemente. Doch in diesem Jahr gab es von der halb rehabilitierten Unperson der amerikanischen Politik keine Spur. Nur sauberen Sand, Wellenreiter und die Idyllen des Familienurlaubs. Während Amerika daheim blieb und mit dem Grand Canyon oder den Niagara-Fällen vorlieb nahm, trieb der nie verglommene Ehrgeiz Nixon hinaus in die Welt: nach Moskau zu Gorbatschow.

Sam landete in der Hauptstadt mit einer silbernen Gürtelschnalle, einem breitkrempigen Hut, „Modell Präsident“, und einem Paar Schlangenlederstiefeln aus dem Fachgeschäft für Westernbekleidung in Paso Robles. Als er auf seinen Koffer wartete und sich zwischen den Washingtoner Nadelstreifen umsah, wurde ihm klar, daß er nichts von alledem hier gebrauchen würde. Zugleich hatte er sich aber nie amerikanischer gefühlt als bei dieser Heimkehr aus dem „Jenseits von Eden“. Und das war ihm gerade recht.

Camino Real

Ein harter Frühlingsregen wäscht Kalifornien. Er fegt über die rotbraunen Ziegeldächer von Sante Inés und spült die maurischen Kacheln im Garten der alten spanischen Mission. Er spritzt gegen die Grabsteine der Franziskanermönche und der getauften Indianer vom Stamm der Tschumasch. Er schlägt gegen die Glocke, die eine Station auf Kaliforniens Königsweg anzeigt – „El Camino Real". Er löscht die Kerzen in der Madonnengrotte, rinnt über die stämmigen Türme und Arkaden, die Erdbeben trotzten. Schließlich spült er Kakteen, Zitronenbäume, Palmen und die Artischocken auf dem Kleinlaster des Gemeindepfarrers. Santa Inés ist eine Oase zwischen der Mojave-Wüste, der Sierra Nevada und der pazifischen Brandung.

Es ist ein blanker, erwartungsvoller Frühling voller frischer Farben. Durch das hedonistische Gewebe des amerikanischen „Sonnenstaates" zieht sich eine fromme Strähne. Zum ersten Mal kam ein Papst nach Kalifornien. Für Johannes Paul II. putzten sich auch die Missionen heraus, die wie Perlen an einer Kette von San Diego bis nach San Francisco der Küstenlinie folgen. Einundzwanzig Stützpunkte hatten die „Graukutten" im Auftrag von König Carlos III. vor zweihundert Jahren in „Alta California" errichtet. Einer ist in Ruinen. Die übrigen stehen als Attraktionen in neuem Glanz und feiern ihr „Bicentennial".

Pater Junípero Serra schuf das spanisch-katholische Rückgrat des Westens, während sich in Philadelphia die Gründerväter um George Washington, Benjamin Franklin und James Madison versammelten, um den vereinigten Ostküstenstaaten ihre erste Verfassung zu geben. Serra, der jetzt in der Rotunde des Washingtoner Kapitols mit erhobenem Kreuz neben Martin Luther King steht, war gewissermaßen der Gründervater der spanischen Krone. Er hatte den Auftrag, ein Bollwerk gegen die aus Alaska begehrlich nach Süden strebenden Russen zu bauen. Er war Instrument eines schon im Niedergang befindlichen Weltreiches, dessen Motto „Gold suchen und Seelen retten" hieß. Serra sollte die kalifornischen „Wilden“ bekehren und zu nützlichen, arbeitsamen Untertanen machen. Der kleine Mann von napoleonischer Statur erfüllte die Order mit Ausdauer und Geschick.

Er wurde Kaliforniens Apostel und sein erster „Padre-Presidente“. Die Katholiken am Pazifikrand – wenn auch nicht alle – sähen ihn gern als den ersten Heiligen des Westens. Nachdem der Papst sein Grab in der Basilika der Mission San Carlos Borroméo de Carmelo besuchte, geschah ein weiterer Schritt auf diesem Weg: die Seligsprechung. Johannes Paul II. hatte Serra schon im Mai 1985 für „verehrungswürdig“ erklärt. „Von Pole zu Pole“ setzte sich beharrlich der Bischof von Monterey, Thaddeus Shubsda, im Vatikan für den Franziskaner ein. Aber Cheq Weesh Auh-HoOh, selbsternannte „Medizinfrau“ der Tschumasch, und andere Sprecher der Indianer widersetzten sich. Hat Serra, so fragten sie, nicht „Sklaverei im Gewand der Frömmigkeit“ betrieben? Hatte er nicht den Untergang der Indianer Kaliforniens eingeleitet und ihnen ihr Land genommen? Wird er nun an der Schwelle zur Heiligkeit von den wandelnden Geistern ihrer Ahnen eingeholt?

Serra stammt von der Insel Mallorca. In der Stadt Petra wurde er am 12. November 1713 geboren. Der Geistliche und Philosophieprofessor war 36 Jahre alt, als er in Vera Cruz eintraf, um einen neuen Beruf, den des Missionars, zu erproben. In der Nacht nach der Ankunft stach ihn ein giftiges Insekt ins Bein. Serra kratzte im Schlaf und zog sich so eine schwärende Wunde zu, die ihn sein Leben lang plagen, aber nicht beugen sollte. Zu Fuß ging er nach Mexiko-Stadt und später in die spanischen Besitzungen von „Baja California“. Nach dem Norden, der von Sir Francis Drake kurz gestreift, aber erst von Juan Rodriguez de Cabrillo im Herbst 1542 wirklich entdeckt worden war, kam der Pater dann 1769. Schon 56 Jahre alt, Asthmatiker und hinkend, landete er, wie vor ihm Cabrillo, im Hafen von San Diego. Dort gründete er die erste Mission: San Diego de Alcalà. Don Gaspar de Portolà und seine Soldaten reklamierten zugleich ganz Kalifornien für die spanische Krone.

Wie reagierten die Indianer auf die Missionare, die ihnen den Glauben bringen, und die Soldaten, die ihnen die Syphilis hinterlassen sollten? „Freundlich, friedlich und neugierig“, sagt Pater Francis Guest, Archivar in der Mission Santa Barbara. Anders als zuvor Südamerika und auch anders als später im Goldrausch wurde Kalifornien das erste Mal ohne Krieg, Kampf und Ausrottungsstrategien erobert. Geschenke und planvolle Überredung waren Lockmittel, um die „ziellosen und gottlosen“ Eingeborenen zu seßhaften Christen zu machen. Das Verhältnis zwischen den geistlichen und den weltlichen „Conquistadores“ war meist gespannt. Ihre Interessen und Prioritäten waren zu verschieden. Mit Absicht wählte Serra für seine Kirchenfestungen Plätze in diskretem Abstand zu den „Presidios“ der rücksichtslosen, habgierigen Gouverneure.

Die Bekehrung der Heiden begann mit Gesang – so wie es Peter von Gent empfohlen und der Bischof von Quito, Montenegro de la Pena, ein Jahrhundert zuvor in seinem Handbuch angeregt hatte. Von den Liedern der Franziskaner angezogen, näherten sich erst die jungen Indianer. Sie fanden Gefallen an den Melodien und lernten die Texte von Gott und der Erschaffung der Welt. Waren Häuptlingskinder dabei, dann hatten die Patres schon einen wichtigen Einstieg gefunden. Redeten die Jungen erst einmal die Alten mit „Amor a Dios“ an, konnte an die Taufe gedacht werden.

Serra und sein Nachfolger Fermin Francisco de Lasuén weiteten das Missionsnetz aus. „Gutes Wasser und gute Aussicht“ waren erwünscht. Die Franziskaner legten den Grund zu Kaliforniens Landwirtschaft und Überfluß. Sie machten Schafhirten, Bauern und richtige „Cowboys“ aus den Indianern, die nie zuvor Pferde gesehen hatten. Binnen vierzig Jahren waren die Tschumasch und die übrigen kleineren Stämme Kaliforniens christianisiert. Jäger und Sammler wurden zu „Missionsindianern“. Durch mehr oder minder sanfte Gewalt änderten sich ihre Gewohnheiten und Traditionen.

Es begann damit, daß die Getauften ihr Dorf verlassen und ständig in der Mission leben mußten. Die Franziskaner, so berichtet Pater Guest aus den Briefen Serras, bestanden auf geregelter Arbeit und festem Rhythmus für Katechismusunterricht und Mahlzeiten. Die Sitten der Tschumasch entsprachen nicht ihren Maßstäben, denn Scheidung und Wiederheirat waren erlaubt. „Sie kannten sogar Ehe auf Probe und ließen junge Paare experimentieren“, erinnert sich Guest und fügt hinzu: „Das mußte natürlich korrigiert werden.“ Die „unschuldigen Ignoranten“ wurden zu Monogamie und dem Verzicht auf Blutrache angehalten. „In ihren Dörfern waren sie zu nahe an schweren Sünden. Daher mußte man sie von dort fernhalten“, erklärt der Pater die strenge Logik. Die Spanier gerieten jedoch in Konflikt mit dem vierten Gebot, welches verlangt, Vater und Mutter zu ehren. So wurden für die Neophyten zweimal im Jahr Besuche bei den Eltern organisiert – „aber in Gruppen, zum Schutz vor Anfechtungen“.

Die Missionsglocke regierte den Tagesablaub am Camino Real. Die Indianer sangen das Hochamt auf lateinisch. Noch zu Serras Lebzeiten wurden zwei Tschumasch auf das Priesterseminar nach Rom geschickt. An die Stelle „kommunistischer Eigenarten“ trat, so Guest, ein bis dahin nicht bekannter „Respekt für das Privateigentum anderer“. Doch es gab Rückschläge, wenn die Indianer „missionsmüde wurden und zurück in die Bäume und Büsche rannten“. Die „Flucht in tagelange Orgien“ endete gewöhnlich, wenn die Soldaten die Entlaufenen in die Rundhütten zwischen den Missionsmauern zurückholten. Gestraft wurde dort mit der Peitsche, Stockschlägen oder Fußfesseln. Pater José Panto ging als besonders brutaler Zeitgenosse in die Annalen der Mission von San Diego ein. Sein indianischer Koch vergiftete ihn schließlich.

Nicht so Serra. Wenn die Historiker, die jetzt im Kanonisationsverfahren aussagen, recht behalten, dann hat zwar auch er die Peitsche im Prinzip verteidigt, aber nicht selbst zu ihr gegriffen. John Johnson, Anthropologe und Kurator am Museum für Naturgeschichte in Santa Barbara, ist einer dieser Zeugen. „Serra war nicht grausam. Ich glaube, er liebte die Indianer“, sagt der „weiße“ Tschumasch-Fachmann. Die Spanier hatten im übrigen ihre eigenen Vorstellungen von ihrer Rolle als „Hüter der indianischen Adoptivkinder“. Anders als später die – meist angelsächsischen und protestantischen – Eroberer des „Wilden Westens“, die „Verträge machten und brachen“, hält Johnson zumindest den Missionaren zugute, daß sie sich als Vormund ansahen. Aus den Indianern sollten eines Tages „gute königstreue Katholiken“ werden. Bis dahin wollten die Patres ihr Land als „Treuhänder“ verwalten.

Charles Ochoe ist wie die meisten der Überlebenden seines Stammes ein „spanischer Tschumasch“, ein Halbblut. Der eine Teil seiner Vorfahren zählte zu Serras Zeiten noch etwa zwanzigtausend Mitglieder. Die Spur des anderen Teils führt nach Santander. Ochoe steht in seiner khakifarbenen Uniform im Stammesbüro des „Tschumasch“-Reservats nahe der Stadt Solvang und sagt, genaugenommen sei er wohl ein „baskischer Indianer“. Solvang ist Kaliforniens „dänische Hauptstadt“ wie aus dem Bilderbuch. Windmühlen, Konditoreien, Motels mit Erkern und Bilder von verzauberten Prinzessinnen. Am Ortsausgang verkündet ein Plakat, daß hier die „gespaltene Erbsensuppe“ erfunden wurde. Das Reservat am Straßenrand wäre leicht zu übersehen, wäre da nicht das Schild „Indian Bingo“.

Das Reservat und seine zweihundert Bewohner leben vom Bingo. Sie wohnen in kleinen Fertighäusern oder Wohnwagen und sind weder wohlhabend noch bedürftig. Die übrigen viertausend Tschumasch-Mischlinge sind „ganz normale Amerikaner“ und, wie Ochoe sagt, im „großen Mainstream“ aufgegangen. Auch im Reservat haben die Nachkommen der Berg- und Küstenindianer „bürgerliche Berufe“, wie Bauarbeiter, Busfahrer und Erntehelfer. Aber die Haupteinkünfte stammen aus dem Glücksspiel. Begrenzte Souveränität, Selbstverwaltung und eine Lücke in den Bundesgesetzen machen dies möglich. Indianerreservate sind eine gar nicht so kleine Konkurrenz zu Reno, Las Vegas und Atlantic City. An Wochenenden kommen die „Weißen“ in Scharen zum Bingo, um schnell reich oder arm zu werden. Aus dem großen Topf sind eine Menge Dollar zu gewinnen. In Solvang sagt man, der neue Häuptling der Tschumasch heiße „Jack Pot“.

Hinter zwei Hügeln kann Charles Ochoe noch den Turm von Santa Inés im Dämmerlicht erkennen. „Die Spanier“, so findet er, „waren gut und schlecht. Sie brachten uns die Zivilisation und nahmen uns unsere Kultur.“ Sind die meisten Tschumasch für oder gegen einen „heiligen Junípero“? Die Antwort kommt zögernd: „Sie haben gemischte Gefühle. Da ist die Erinnerung. Aber sie, oder wir, sind auch wieder alle katholisch."

Kalifornien wäre nicht Amerikas Kultlaboratorium, besännen sich nicht auch vereinzelte Indianer wieder auf ihre Naturreligionen aus der vorspanischen Ära. Sonne und Erde sind darin wie Vater und Mutter. In Schreinen in freier Natur warten sie auf Opfer. Jeder Indianer hat einen persönlichen Schutzgeist und ein Tier als Symbol markanter Eigenschaften. Tanz, Trance und Visionen – ohne Drogen – führen zu spiritueller Erneuerung. Zeremonien in der „Sweat Lodge", einer indianischen Sauna, sollen Körper und Geist reinigen. Die „Schwitzhäuser" sind aber nur nostalgischer Trost. Schon vor zweihundert Jahren versagten sie beim Kampf gegen die tödlichen importierten Masern und Windpocken.

Cheq Weesh demonstrierte gegen eine Heiligsprechung Serras. Als zum zweihundertsten Todestag des Paters – er starb am 28. August 1784 und wurde in Carmel zwischen seinen Gefährten Juan Crespí und de Lasuén beigesetzt – eine Messe in der Basilika gefeiert wurde, stand sie auf. Höflich, aber laut und deutlich sagte sie der Gemeinde: „Denkt auch an mein Volk." Dann steckte sie eine Feder hinter das Porträt des „Padre-Presidente" auf dem Hochaltar und ging.

Ted Elisee, der Sprecher des Bischofs von Monterey, nimmt die Geste ernst: „Jede auch noch so kleine Opposition muß gehört werden." Er berichtet, wie mit kräftigem Zuspruch aus Mallorca nach Ende des Zweiten Weltkriegs die Bemühungen um eine Heiligsprechung Serras einsetzten. Doch heutzutage würden solche Dinge im Vatikan nicht übereilt. Außerdem sei ein Nachweis von Wundern nötig. Bislang weiß er nur von einem Beispiel. Eine Nonne aus St. Louis habe angezeigt, daß sie nach Gebeten und Anrufung des Paters von einer lebensgefährlichen Blutkrankheit genesen sei. Ihr Arzt, ein Jude, habe keine natürliche Erklärung für die überraschende Wende zum Besseren gefunden. Er sei als Zeuge dazu vor einer Kommission der Kirche gehört worden und habe gestaunt, „wie genau man es damit in Rom nimmt".

Die Diözese von Monterey ist etwa so groß wie Hessen. Doch nur sechzig Priester, die Hälfte älter als sechzig Jahre, betreuen die mehr als hunderttausend Katholiken irischer, iberischer oder indianischer Abkunft. Zwei Jahrhunderte nach der Ankunft der Franziskaner ist Monterey, wie der Rest von Kalifornien, wieder Diaspora. Was für Serra die Tschumasch waren, sind für Bischof Shubsda die legalen und illegalen Einwanderer aus Mexiko. In das katholische Reservoir strömen die Nachbarn aus dem Süden. Sie sind die Enkel jener rebellischen Mexikaner, die sich der spanischen Herrschaft entledigten, Kalifornien nahmen und wütend säkularisierten, bis die „Anglos“ sie schließlich verdrängten und Abraham Lincoln der Kirche ihre verwüsteten Missionen zurückgab.

Millionenfach passieren die Latinos jetzt den „Tortilla-Vorhang“. Sie nehmen an der „großen Abstimmung mit den Füßen“ teil und marschieren als Tagelöhner durch Kaliforniens Erdbeerfelder und Salatplantagen. Auch sie kreuzen den Königsweg, wenn sie in San Diego ihre Spuren verwischen, in der Megalopolis von Los Angeles untertauchen oder bis nach San Francisco vorstoßen. Dort finden sie sich am Sonntagmorgen in der Mission Dolores zur Messe in spanischer Sprache ein. Das ganze Viertel gehört den „Hispanics“. Unter die Kirchgänger mit den aztekisch-iberischen Zügen mischen sich katholische Chinesen und Filipinos. Im nahen San José haben unterdessen selbstbewußte Vietnamesen die kleine Missionskirche besetzt, um bei einem widerstrebenden Bischof mit dem französischen Namen Pierre DuMaine Gottesdienste in ihrer Sprache durchzusetzen.

Im Hof der Mission Dolores, wo im Jahr 1842 zum letzten Mal ein Stierkampf abgehalten wurde, schmückt jetzt das Mosaik eines naiven Künstlers aus Nicaragua die alte Kirchenmauer. Auf San Franciscos ältestem unversehrtem Gebäude zeigt es die Ankunft der spanischen Schiffe am Goldenen Tor. In die Segel sind mit bunten Steinchen Stichworte eingelegt: „Rey“ als Symbol für die Krone, „Dios“ für den Gott, den die Franziskaner brachten, „Pueblo“ für das Dorf, aus dem San Francisco wurde, und „Muerte“ für das Schicksal der kalifornischen Indianer. Auf dem letzten Segel steht „Quien sabe?“ für die Frage, was wohl geschehen wäre, wenn man die Tschumasch sich selbst überlassen hätte – wenn nicht von Süden die Spanier, von Norden die Russen und von Osten die Amerikaner gekommen wären.

Kein Fisch auf der Straße der Ölsardinen

Was würden „Mack und die Jungs" sagen? Was würden „Doc" und der Krämerladenbesitzer Lee Chong, der „Ching Chong Chinaman" sagen? Welchen Eindruck machte heutzutage auf John Steinbecks Romanfiguren die „Straße der Ölsardinen?" „Cannery Row in Monterey, Kalifornien, ist ein Gedicht, ein Gestank, ein nervtötender Lärm, ein gewisses Licht, eine Farbe, eine Gewohnheit, Nostalgie und ein Traum", schrieb der Schriftsteller in den vierziger Jahren. Der Gestank ist weg. Der durchdringende, vor keiner Fensterritze haltmachende Geruch nach frischem und faulem Fisch, nach Fischgedärm und Fischmehl fehlt. Auf der „Straße der Ölsardinen" gibt es keinen Fisch, außer im Restaurant, und keine Dosenfabrik, die nicht Rost angesetzt hätte.

Ed Rickett, Meeresbiologe und Vorbild für „Doc" in Steinbecks Roman, hatte es vorausgesagt. Bis zum Zweiten Weltkrieg war Monterey die „Sardinen-Hauptstadt der Welt". Es wurde gefischt, was das Zeug hielt, bis zu zweihunderttausend Tonnen im Jahr. Wenn die Fischerboote einliefen, riefen die Dampfpfeifen der Dosenfabriken. Reguläre, Gelegenheitsarbeiter und – seltener – philosophische Stadtstreicher wie „Mack und die Jungs" rannten hügelab, säuberten, schnitten und kochten. Sobald alles eingedost war, zog der Treck wieder hügelan, bis es der Natur zuviel wurde. Nach dem Krieg nahmen die Sardinen eine andere Route, und die „Straße der Ölsardinen" ging bankrott.

Es sollte eine Weile dauern, bis sich das Geschick des Hafenstädtchens an der Pazifikküste wendete. Die Dosenfabrikanten verließen den Ort zusammen mit den Chinesen und Steinbecks „Huren, Zuhältern und Spielern". Die Geschichte von Monterey, die die Geschichte Kaliforniens war – von den

Indianern über die spanischen Eroberer und die mexikanischen Rancheros bis zu den angelsächsischen Siedlern von der Ostküste –, blieb ein Spiegel amerikanischen Wandertriebs. In den sechziger Jahren kamen die Touristen. Weil sie nicht verrottete Sardinenfabriken besichtigen wollten, wurden die Wellblech- und Betonbaracken auf der „Meerblick-Straße" zu Restaurants, Bars, Souvenirgeschäften, einem Wachsmuseum und einem Aquarium umgebaut. Die Stadtväter, die auf der berüchtigten Meile an der Wasserlinie nichts hatten als den zweifelhaften Ruf und den Titel eines Buches, benannten sie um in „Straße der Ölsardinen" („Cannery Row"). John Steinbeck, um seine Meinung gefragt, erwiderte, das sei so in Ordnung. Was ursprünglich „Meerblick-Straße" geheißen habe, sei schließlich von den Dosenfabriken so zugebaut worden, daß niemand mehr das Meer sehen konnte. Jetzt, da alle Sardinen verschwunden seien, sei es nur logisch, die Straße nach ihnen zu benennen.

Steinbeck selbst, am 20. Dezember 1968 in New York gestorben, würde sich über die Veränderungen und die Anpassungsfähigkeit Montereys nicht wundern. Verblüffen würde ihn allenfalls das Denkmal, welches ihm die Stadtväter mitten auf der „Straße der Ölsardinen" errichtet haben. Der Dichter mit den hohen Backenknochen und den Schlitzaugen, die gar nichts mit seinen deutschen und irischen Vorfahren zu tun zu haben scheinen, sieht aus wie eine Mischung aus einem Satyr und Lenin. Gewiß nicht erstaunen würde ihn die „Steinbeck-Lobster-Grotte", die seine geschäftstüchtigen Landsleute so nannten, um mehr importierte Schalentiere aus Kanada in seinem Namen an Ausflügler zu verkaufen.

Jenseits der Stadtgrenze, wohin „Mack und die Jungs" reisten, um für „Doc's" Experimente Frösche zu fangen, wohnt jetzt in einer gut bewachten Villa die Schauspielerin Doris Day in einem Garten voller Hunde und einem Haus voller Katzen. Dort, wo die wohlhabenderen Bürger von Monterey dem Fischgeruch entflohen, um am Abend reine Seeluft zu atmen, Pelikane fischen zu sehen und Seehunde auf den Felsen bellen zu hören, spielen jetzt Zugereiste Golf. Zum „Bing-Crosby-Turnier" kommen sie aus allen Teilen der Vereinigten Staaten und bemühen sich, ihre Bälle von der

Steilküste aus nicht in den Pazifik, das „große, nasse Loch" zu schlagen.

Drüben in Salinas, knapp zwanzig Kilometer landeinwärts, steht Steinbecks zweites Denkmal, diesmal mit Zigarette und Kugelschreiber. In Salinas wurde der Schriftsteller am 27. Februar 1902 geboren und zunächst nicht sonderlich in Ehren gehalten, weil er sich mit seinen Büchern und Zeitungsartikeln als „Linker" auswies. Salinas, hinter Erdbeerfeldern und Weingärten, ist die „Salatschüssel Amerikas". Über die, meist illegalen, mexikanischen Wanderarbeiter, die schon damals die Ernte einbrachten, schrieb Steinbeck vor einem halben Jahrhundert für die „San Francisco News" unter dem Titel: „Gebraucht und gehaßt".

Wenig und viel hat sich seither geändert. In den siebziger Jahren wurde Salinas zum Hauptquartier von Cesar Chavez, der die Chicanos in einer Landarbeitergewerkschaft zusammenfassen wollte. Chavez wurde zum Idol der Habenichtse und des Nachfolgers von Ronald Reagan als Gouverneur Kaliforniens, Jerry Brown. Die Kleinbauern von Salinas fanden es hingegen ungerecht, daß man ausgerechnet sie, die nicht minder risikoreich von der Hand in den Mund lebten, als „Ausbeuter" hinstellte. Die „neuen Zigeuner" sind unterdessen noch zahlreicher geworden, ebenso wie die lokalen Kompromisse. Auf der Hauptstraße von Salinas haben Lee Chongs Enkel neue Gemüsegeschäfte und Polynesier ein preiswertes Restaurant für amerikanische Filipinos und Japaner eröffnet. In „Pancho's Village" gibt es unter anderem „Mexicatessen".

Steinbecks Geburtshaus ist auch ein Speiselokal. Auf Anmeldung kann man in dem viktorianischen Gebäude zu Mittag essen, von älteren Damen Auskunft über den eher unbotmäßigen Sohn der Stadt erhalten oder im Untergeschoß, „Best Cellar" geheißen, Andenken erwerben. Hier schrieb der Autor „Das rote Pony" und das Buch, das ihm endlich Anerkennung verschaffte: „Tortilla Flat". Am Straßenrand parkt ein Auto mit einem Aufkleber, der dem ehemaligen Bewohner gefallen hätte: „Auch Linke haben Rechte." Es ist ein hübsches Viertel mit einer spanischen Kirche und einem Neubauviertel aus „John-Steinbeck-Apartments".

Ein Nachbar, der sich gerade den Lokalanzeiger aus einem Zeitungsautomaten zieht, lacht über den neugierigen Fremden und sagt: „Ich soll verdammt sein, aber ich habe nichts von ihm gelesen und ich wohne seit 35 Jahren hier." Der schwarze Friedhofsgärtner in Montereys „Garten der Erinnerungen" weiß hingegen sofort, von wem die Rede ist. „Sie gehen in die dritte Reihe und achten auf die flachen Grabsteine mit dem Familiennamen Hamilton." Dort, neben seiner Mutter Olive (Hamilton) Steinbeck wurde der Sohn beigesetzt.

Die Bibliothekarin in der „John-Steinbeck-Bücherei" von Salinas hat einen Plan für literarische Spurensucher. Er führt durch das so fruchtbare Tal an den Ufern des Salinas-Flusses, wo Steinbecks sonderbare, starke Frauen in vollkommenen Gärten neben einsamen Männern lebten, die ihre komplizierten Gedanken nicht verstanden. Er führt nach Soledad, wo George und Lennie im Schatten der Gabilan-Berge übernachteten, Bohnen in Dosen kochten und zu den Hauptpersonen in „Von Mäusen und Menschen" wurden. Er endet schließlich „Jenseits von Eden" in King City mit der Erinnerung an einen Nobelpreis für Literatur (1962) und einen der wenigen Filme des jungen James Dean. Die Bücherei hat ein Steinbeck-Zimmer mit dem Originalmanuskript der „Perle", Photographien von Reisen nach Berlin und Polen und die Erstausgabe des „Russischen Journals". John Steinbeck ist daheim nicht gerade Ehrenbürger. Inzwischen gibt es aber einen offiziellen „John-Steinbeck-Tag". Bürgermeister Henry Hibino hatte ihn 1979 mit einer ausführlichen Begründung proklamiert, die den Autor amüsiert hätte: weil er den Nobelpreis erhalten habe und außerdem sogar auf einer amerikanischen Briefmarke verewigt worden sei.

Leben im Tal des Todes

Zwei Wege führen in das Tal des Todes. Charles Manson kam immer von Westen aus Los Angeles. Das „Death Valley", in dem Amerika seinen Tiefpunkt erreicht, war der „Lieblingsplatz" des Kultmörders. Der andere Weg kommt aus dem Osten. Ihn wählten im vorigen Jahrhundert die ersten Abenteurer und Pioniere, die an diesem Zipfel der Mojave-Wüste eine Abkürzung zu den kalifornischen Goldfeldern und also zu raschem Reichtum vermuteten. Sie verdursteten. So erhielt das Tal des Todes seinen Namen.

Hinter Las Vegas begleiten einen zunächst noch andere Geister. Jeder motorisierte „Psycho“ hört im Vorbeifahren die Musik aus „Roxie's Motel“. Nevadas berüchtigtes letztes Bordell brannte vor genau zweiunddreißig Jahren nieder. Unkraut und afrikanische Zedern haben die alte Zwischenstation auf der Westroute überwuchert. Keine Mädchen, kein Plüsch. Statt dessen vereinzelte Radfahrer mit Gitarre, sobald der Verkehr hinter der Spielhölle der Vereinigten Staaten ausdünnt. Das Gebüsch ist mager wie die Kakteen. Die Skorpione meiden den Asphalt. Auch gewitzte Klapperschlangen lassen sich nicht mehr ohne weiteres nachts auf dem weichen Straßenbett überfahren.

Bei „Cold Creek“ weist ein Schild auf das „Correctional Center“. So heißt das Zuchthaus mit falscher Neutralität. Telefondrähte, Wachtürme und vergitterte Blicke auf die verschneiten Spitzen der Sierra. Als Neuzugang wird in der Strafanstalt ein Scheckfälscher erwartet, der mit einem unerprobten, aber wirkungsvollen Trick ehrliche Arbeit vermeiden wollte. Er tränkte ungedeckte Schecks mit einer Chemikalie. Kurze Zeit nachdem sie deponiert wurden, lösten sie sich im Banksafe auf – zerkrümelten in unleserliches Konfetti.

Noch ein Radfahrer, der gen „Death Valley“ tritt. Das Tal ist eine ständige Prüfung für Pflanzen und Tiere. Die Besucher suchen freiwillig den Kitzel. Es sind versprengte Minderheiten, die im Frühling beschließen, sich die Wüste untertan zu machen. Die letzten „Hippies“, die vielleicht in Key West überwintert haben; die „Speedway“-Fanatiker, die voller innerem Kribbeln die Dünen „rasieren“ und mit den „Park Rangers“ Katz und Maus spielen; Wanderer und Naturfreunde; harmlose Touristen im klimatisierten Bus, die sich vorstellen, wie heiß es hier werden mag. 132 Grad Fahrenheit (um sechzig Grad Celsius) wurden im vergangenen Sommer gemessen. Das war die Lufttemperatur. Am Boden war es weniger moderat.

Dann glühen die „Trailer", jene aufgebockten Wohnwagen, in denen ein großer Teil der amerikanischen Bevölkerung wohnt – gerade so wie Detektiv Rockford. Bei „Indian Springs" unterbricht ein Luftwaffenstützpunkt die flimmernde Einsamkeit. Eine Tankstelle, ein Kasino, Bar und Truckstop. Hierher müssen auch die derzeitigen Bewohner des nahen „Peace Camp" zum Wasserholen kommen. Die Fahnen Großbritanniens und Kanadas wehen über dem Zeltlager. Der entlegene Außenposten der Friedensbewegung schmiegt sich in eine Mulde gegenüber der „Nevada Test Site". Dort werden „Cruise Missiles" erprobt, Atomversuche gemacht, SDI-Tests abgewickelt.

„Dantes Aussicht" öffnet den ersten Blick in das Tal des Todes. Es ist die Perspektive des Raben aus fast zweitausend Metern Höhe. Die Vögel lungern um den Autoparkplatz, gleiten wie unabsichtlich über die Körbe und Kühltaschen der gebannt abgelenkten Betrachter, fliegen zu dem nächsten öffentlichen Mülleimer. Die Beschreibung von Hölle und Fegefeuer in Dantes „Inferno" inspirierte bei der Namensgebung die Angestellten der nahen Borax-Minen. Unten, am Ende der schroffen, kahlen Abhänge, starrt vom Rand der Erdkruste das Salzauge zurück. Dort, wo schon vor Millionen Jahren die „Schwarzen Berge" und die „Panamint-Berge" auseinandergeschoben wurden, ist am Talgrund der niedrigste Ort der westlichen Hemisphäre – fast hundert Meter unter dem Meeresspiegel. Die Salzfelder im Wadi reflektieren das Licht greller als die Schneedecken auf dem „Telescope Peak". Das Salzauge um „Badwater" ist ihre Mitte, eine Iris mit bläulichem Schimmer. Von Sand, ausgefransten Gräsern und weißen Kristallen eingefaßte Pfützen sind das Überbleibsel eines Sees aus der Eiszeit. Sie trocknen nie ganz aus und werden aus einer kleinen Quelle gespeist, deren Wasser nicht giftig, aber auch nicht genießbar ist.

Der Sonnenaufgang am „Zabriskie Point" entzündet ein Farbfeuerwerk im Gestein. Schicht um Schicht legen die Strahlen frei und vertreiben dabei den blauen Morgendunst. In Zeitlupe beleuchten sie einen groben Querschnitt durch die Oberfläche des Planeten. Der Farbfilm war zum Glück längst erfunden, als der italienische Regisseur Michelangelo Antonioni am Ende seiner Phantasie und der sechziger Jahre ein mißglücktes Meisterwerk über eine verlorene Generation schuf. Seine Kameras beobachteten vor surrealer Kulisse von „Zabriskie Point“ aus den studentischen „Revolutionär aus Langeweile“ beim Liebestanz mit seiner unschlüssigen Gefährtin. Zwanzig Jahre nach jener Flucht vor der Polizei und einem sinnentleerten Porträt des „Alptraums Amerika“ hat nur noch die Landschaftsfotografie Bestand. Die Dramaturgie der Sonne und die Lichtspiele der Natur auf den Eingeweiden der Erde übertreffen das belichtete Zelluloid von „Zabriskie Point“ (so auch der Filmtitel) bei weitem.

Sie tun dies täglich, ohne Pathos und mit sparsamsten Mitteln. Christian Brevoort Zabriskie, ehemals Aufseher bei „Borax“ über die chinesischen Minenarbeiter, gab der gewellten Einöde mit ihrer hervorspringenden Felsnase seinen Namen. Sie ist eine der Juwelen von „Death Valley“, die sich dem Tagebau und dem unterirdischen Zugriff entziehen. Die anderen sind der schwarze „Ubehebe-Krater“ im Norden, den die indianischen Ureinwohner „Korb in der Erde“ nannten, und die multikolore „Künstlerpalette“ in den von Eisenoxyden, Kupfer und Magnesium marmorierten Gesteinsformationen am „Artists Drive“.

Mehr als romantische Verklärung gab meist nüchterne Erfahrung bei der Namensgebung im „Death Valley“ den Ausschlag. Das geschah durchaus im Rahmen von Himmel und Hölle. So finden sich in dem über dreitausend Quadratmeilen ausgestreckten geologischen Museum eine „Sargspitze“, die „Grabes-Berge“, eine „Schlucht der trockenen Knochen“ und der „Paß des toten Mannes“. Der „Golfplatz des Teufels“ (Devils Golf Course) beschreibt akkurat einen Strich „Mondlandschaft“ aus aufgeworfenem Stein und fast purem Tafelsalz. Wind und Regen haben bizarre, nadelspitze Skulpturen geformt. Tausende kleiner Krater sehen aus, als seien sie für das Einlochen von Golfbällen geformt oder um die Spieler durch rauhe Unebenheit und Tücke zum Verzweifeln zu bringen. Eigentlich ist das Tal des Todes eine ganz gewöhnliche Wüste. Sie ist nur ein bißchen trockener, ein bißchen heißer und ein bißchen tiefer gelegen als die Schwestern Gobi und Sahara.

Über neuntausend Jahre lösten sich in ihren Ebenen und Bergfalten vier Indianerkulturen ab. Im Jahr 1849 wurde sie vom weißen Mann entdeckt, der mehr Borax als Silber finden sollte. Auch die Geschichte von dem wilden Esel mit lauter Goldfüllungen in den Zähnen (er hatte versehentlich auf Gold gebissen) hielt der Nachprüfung nicht stand. 1933 machte die Regierung das Tal des Todes zu einem schutzwürdigen „National Monument". Zur Feier des hundertsten Geburtstages der Entdeckung kamen 1949 aus Hollywood Jimmy Stewart und das „Hollywood Bowl Orchestra". Zum ersten Mal in der Geschichte gab es an Amerikas niedrigstem Treffpunkt einen Verkehrsstau.

Die Radio- und Fernsehserie „Death Valley Days" machte die Amerikaner mit der Eroberung dieses Teils von Wildwest und dem jungen Schauspieler Ronald Reagan bekannt. Seltsame Charaktere ließen sich von der kargen Vielfalt anziehen und erlagen dem Reiz des Abgelegenen. Martha Becket errichtete ein „Opernhaus" an der Stelle, wo sie bei ihrem ersten Besuch im Jahr 1964 einen Plattfuß hatte. Dort tritt sie noch immer in klassischem Ballett mit Jongleuren und Clowns auf. Wie sagte doch Charles Manson, der Mann mit dem kranken Hirn, von dem niemand weiß, wie sehr er sich verstellt: „Dieser Ort hat wirklich alles."

Als Walter Scott kurz nach der Jahrhundertwende Albert Johnson begegnete, war dies der Beginn einer wundervollen Freundschaft. „Scotty" hatte zwei Ziele im Leben: reich und zur Legende zu werden. Auf Umwegen ist ihm das letztere geglückt. Der Mann aus Kentucky war Cowboy und Märchenerzähler. Er arbeitete eine Zeitlang für „Buffalo Bills Wildwesttheater", reiste durch Europa und Amerika und zerstritt sich schließlich mit Bill Cody. Bei der Suche nach wertvollen Metallen im Tal des Todes war ihm als Sponsor der wohlhabende Versicherungsmakler Johnson aus Chicago jahrelang eine Stütze. Scott machte viele Versprechungen, stieß aber auf keine rentable Ader. Bei einem Besuch „vor Ort" fand Johnson die Wahrheit schnell heraus. Aber da hatte er mit Lebensversicherungen schon genug verdient und entdeckte, daß das Klima seinem Asthma behagte.

Überdies fand der schüchterne Millionär den eleganten

„Scotty“ – er besaß zweihundert weiße Hemden mit roten Krawatten, weil er „unverwechselbar“ erscheinen wollte – höchst unterhaltsam. Immer häufiger reiste Johnson in das Tal des Todes. Weil seine Frau aber wenig Neigung zu Ferien im Zelt hatte, beschloß er, in der Wüste ein Haus zu bauen. Er tat dies mit derselben Verve eines Königs Ludwig II. oder des kalifornischen „Zeitungszaren“ William Randolph Hearst. Freund „Scotty“ war bei der Wahl des Ortes behilflich, an dem zwischen Palmen eine skurrile Oase entstand. Die spanische Hazienda mit maurischer Note war das Vorbild für einen Palast mit drei Türmen und einer Orgel, wie er sonst nur in Beverly Hills nicht auffiele. Der „Schwarze Freitag“ und die „Große Depression“, die Johnsons Vermögen zusammenschmelzen ließen, verhinderten die Vollendung des Schwimmbades. Als Altersruhesitz taugte die massive Bleibe aber allemal.

Schon zu Lebzeiten seines Eigentümers hieß sie „Scottys Schloß“. Der flamboyante Geschichtenerzähler behauptete nämlich, er sei der Besitzer und habe mit Einkünften aus einer geheimen Goldmine die Wüstenei begrünt. Johnson unternahm nichts, um diesen Mythos zu zerstören. „Scotty“ hatte ein permanentes Gästezimmer in „seinem“ Schloß und verwöhnte seinen Förderer unablässig mit Anekdoten von echten und eingebildeten Heldentaten im Tal des Todes. Auf diese Weise gelang es Scott, wie er in sein Tagebuch schrieb, „mehr Champagnerkorken abzufeuern als Kugeln im Mexikanischen Krieg“.

Scotty überlebte den Freund und wurde 1954 im Alter von 82 Jahren auf einem Hügel über der Burg beigesetzt. Ein Gedenkstein über dem „Windy Point“ trägt als Inschrift die Summe seiner Erfahrungen in vier Teilen: „Sag nichts, was irgend jemanden verletzt. Gib keine Ratschläge; sie werden ohnehin von niemandem befolgt. Beklag Dich nicht. Erkläre nichts.“ Über dem Konzentrat seiner Philosophie lächelt „Scotty“ fein und leicht oxydiert als Messingmaske. Weil fast jeder Besucher die hervorstechende Hakennase reibt, hat sich Walter Scott jetzt vierundzwanzig Jahre nach seinem Tod endlich erworben, wonach er ein Leben lang strebte: eine goldene Nase.

Dort, wo im vergangenen Jahrhundert erschöpfte, aber am Ende überlebende Glücksritter ihr Lager aufschlugen, ist nun die zweite Oase im Tal des Todes. „Furnace Creek", der Bach am Feuerofen, beherbergt die beiden einzigen Hotels des Naturparks. Wer an William Manley und John Rogers denkt, hat beim Duschen unwillkürlich ein schlechtes Gewissen. Die beiden jungen Männer, die mit einer Wagenkarawane aus Salt Lake City gekommen waren, wurden als Pfadfinder vorausgeschickt, um den Weg in das „Dorf" Los Angeles zu erkunden. Nach sechsundzwanzig Tagen kehrten sie mit Wasser, Vorräten und vier Apfelsinen zurück – eine für jedes der vier Kinder im Treck. Jene Gruppe, die schon fast alle Ochsen und Maultiere geschlachtet hatte, überwand „Death Valley" und fand den Ausgang zum Pazifik.

Wer ebenso staubig, schmutzig und mit knirschenden Zähnen wie die Pioniere damals von einem gefahrlosen Ausflug in die nahen Sanddünen zurückkehrt, mag sich danach wohlig im Swimmingpool des Feuerofens drehen. Er hat schon im Frühling die Temperatur einer heißen Quelle. Frisch gebadet und mit einem Gin Tonic voller klingender Eiswürfel liest sich der Klassiker von J.C. Vandyke über die Wüste wie entrückte Poesie: „Die Dünen sind immer rhythmisch und fließende Form. Ihre Farben werden in der Wüste von nichts übertroffen. Am Morgen, bevor die Sonne aufgeht, sind sie bleiche Linien aus blendendem Orange, die in der heißen Luft winken und wellen. Bei Sonnenuntergang werden sie überflutet von Rosa und Mauve. Unter blauem Mondlicht schimmern sie wie Eisberge in den Nordmeeren."

Im letzten Winter fielen mehr als die durchschnittlichen dreißig Millimeter Regen im Jahr. So ist in diesem Frühling „Death Valley" aufgeblüht. Die „Los Angeles Times" erkannte eine „Jahrhundertblüte", die sich bis in den Frühsommer hineinretten dürfte und dann „verbrennt". Das Schauspiel mit den wilden Blumen, dem Tabakkraut und den subtilen Kelchen der Kakteen begann auf der Talsohle in „Badwater". Dann breiteten sich Lilien, Farne und die „Wüstengold" genannten Sonnenblumen in der „Schlammschlucht" aus. Um „Scottys Castle" schossen Lupinen auf, zwischen Veilchen und Mohn. Mit jeder Woche zieht das

Schauspiel der animierten Vegetation nun auf der Flucht vor den schmerzhafter zupackenden Sonnenstrahlen eine Stufe höher in die kühleren Bergregionen. Noch aber herrscht Leben im Tal des Todes.